改善收入分配
促进社会公平正义

陈宇学　著

中国言实出版社

图书在版编目(CIP)数据

改善收入分配　促进社会公平正义 / 陈宇学著. —
北京：中国言实出版社，2014.11
ISBN 978-7-5171-0925-9

Ⅰ.①改… Ⅱ.①陈… Ⅲ.①收入分配—分配制度—
研究—中国 Ⅳ.①F124.7

中国版本图书馆CIP数据核字（2014）第249780号

责任编辑： 谷亚光

出版发行 中国言实出版社
　　　　　地　　址：北京市朝阳区北苑路180号加利大厦5号楼105室
　　　　　邮　　编：100101
　　　　　编辑部：北京市西城区百万庄大街甲16号五层
　　　　　邮　　编：100037
　　　　　电　　话：64924853（总编室）64924716（发行部）
　　　　　网　　址：www.zgyscbs.cn
　　　　　E-mail：zgyscbs@263.net
经　　销 新华书店
印　　刷 北京温林源印刷有限公司
版　　次 2015年3月第1版　　2015年3月第1次印刷
规　　格 710毫米×1000毫米　1/16　14.5印张
字　　数 138千字
定　　价 38.00元　　ISBN 978-7-5171-0925-9

序

赵振华

陈宇学是我的同事，与其共事多年，待人诚恳，做事踏实，任劳任怨，大家都说她是个老实人，新著面世，可喜可贺。邀约作一序言，先于读者认真拜读书稿，收获颇多，启示颇多，感慨颇多。写下以下心得和读书笔记，权且作为本书的序言罢。

1.收入分配既是历史问题也是现实问题，是当代世界各个国家都非常关注并致力于解决的大问题。有了人类就有分配，先是原始社会的平均主义分配，这是在生产力极其落后的前提下，原始人为了生存迫不得已采取的措施，产品没有剩余，需要集体狩猎。及至生产力有了发展，猎物可以家养，种子可以种植，产品有了剩余并产生了交换，人类进入了阶级社会，分配由平均主义进入差距扩大甚至两极分化。生产决定分配，表现出来的是收入上的差距，实质是生产资料占有的差距。在农耕社会，土地是基本的生产资料，因此，谁占有土地谁就占有了收入的主动权，奴隶主和地主占有土地，自然他们也就成为高收入者，用今天的话来说他们都是富翁，奴隶和农民失去了土地，自然就失去了分配的主动权，只能沦落为平民甚至失去人身的绝对自由。到了工业社会，资本成为主要的生产资料，土地、生产资料等都用资本的形式表现出来，于是乎谁拥有了资本谁就拥有分配的主动权，资本家自然在分配中处于主动地位，雇佣工人只能处于被动地位，自然资本家成为富翁，工人只好受穷。少数人富裕，多数人贫穷，特别是遇到灾荒年景或进入工业社会以后的经济危机，穷人吃不上饭，甚至要饿死，必然要革命，革奴隶主的命、革地主的命、革资本家的命，更革政府的命。老祖宗很是聪明，仓颉造字，让文明得以传承，繁体的吃饭的"饭"字就很有意思。左边是一个食字旁，右边一个反对的反或造反的反，显然意思就是有粮食才能称得上饭，没有粮食把食字旁去掉了最后只有造反。从古自今历朝历代均是如此，大体上呈现一个现象进一步说也是规律，就是新的王朝建立起来之后，或多或少注重给农民分得一点土地，这个王朝就能够稳定或长或短一个时期，但最终逃脱不了一个规律，就是土地高度集中，大地主兼并小地主、小地主兼并农民的土地，这就意味着出现了两极分化，"朱门酒肉臭，路有冻死骨"就是真实写照，随之一个社会现象就产生了，各种会道门组织开始盛行，然后利用这些会道门组织，把农民组织起来，揭竿而起推翻了王朝。从陈胜吴广领导的大泽乡起义到洪秀全领导的太平天国运动，历朝历代均是如此。进入工业社会以后，之所以 18 世纪、19 世纪西方国家的工人不断游行、罢工、示威，反对政府甚至要推翻政府，劳资矛盾严重对立，正如马克思在《资本论》中描述的，根本原因就在于资本家发财赚钱，工人劳动时间长、劳动强度大、收入水平低，特别是遇到经济危机时，工人失业，失去收入，当时又没有现代社会保障制度，自然社会矛盾就大了，社会极其不稳定。第二次世界大战之后，之所以西方发达国家进入一个相对而不是绝对稳定时期，很重要的原因就是生产力发展了，工人收入提高了，政府加大了对收入分配的宏观调控，收入差距小了，特别是建立了良好的社会保障制度，衣食无忧，自然矛盾就少了，很少有要推翻政府的。从我国的现实情况来看也是这样，众所周知，改革开放之后，我国城乡居民生活水平有了巨大改善，即使贫困人口收入和生活水平也有了巨大改善，但社会矛盾不仅没有减少，恰恰相反，我国进入了社会矛盾凸显期，根本原因就在于分配不公平了，当我吃上肉的时候，发现别人碗里的肉更多，自然心理不平衡，矛盾自然产生。社会主义的本质特征之一就是实现共同富裕。面对当前过大的不当的收入差距，唯一的途径就是下决心来解决，否则和谐社会难以构建起来。由此看来，哪个朝代不解决好分配问题，哪个朝代就灭亡，哪个国家政府不解决好分配问题，哪个政府就会被推翻。因此，作为共产党领导的社会主义国家更要解决好收入差距问题。

2. 解决收入分配问题既要缩小收入差距，更要着力于解决分配公平。改革开放以来，我国收入差距扩大是不争的事实，根据国家统计局公布的数据，2009 年我国的基尼系数已经达到

0.49，最近两年有所缩小，2013 年为 0.47，比较接近于国际公认的两极分化临界点 0.5。从实际收入来看，一方面我国有越来越多的人走上了富裕的道路，亿万富翁已不是个别，千万富翁虽然不能说遍地都是，但起码不少，国际和国内不少机构说中国有多少千万富翁和亿万富翁，只是推测而已，确切有多少谁也说不清，因为绝大多数中国人不爱露富，况且我国个人收入和财产信息系统没有建立起来。另一方面，我国还有上亿的城乡贫困人口，根据国家统计局公布的数据，到 2013 年我国有 8200 多万农村绝对贫困人口，城市有 2000 多万靠各种救济生活的低收入人口，城乡贫困人口大约有 1 亿。收入差距的扩大是各种因素综合作用的结果，既有市场经济规律发挥作用的结果，又有政府调控不到位的因素；既有通过合法经营获得高收入，也有少数人获得非法收入；既有诚实劳动得以致富的，也有因为懒惰而贫穷的；既有得先天之利而致富的，也有因为交通闭塞而致贫的。

要缩小收入差距，就要分清哪些是个人主观因素导致的，哪些是客观因素导致的，哪些是合理的合法收入，哪些是不合理合法收入，哪些是不合理不合法收入。没有收入差距不行，改革开放之前搞平均主义分配，干好干坏一个样，干多干少一个样，干与不干一个样，自然谁都不愿意多干，其结果必然是生产不发展，共同贫穷，犹如河流一样，没有落差水就不会向前流动；相反收入差距太大也不行，少数人富裕多数人贫穷，老百姓也没有积极性，因为即使拼命干也都是给别人干，自己没有得到多少，自然也就没有积极性了，况且收入差距过大，还会引起心里不平衡，进而导致社会不稳定，无论中国还是外国，都有不患贫而患不均的问题，各个国家的农民起义与工人罢工都是由于收入差距进而财富差距过大引起的。因此，面对过大的收入差距不能麻木，不能无动于衷，需要采取有力的措施加以解决。从目前的情况来看，主要矛盾是收入差距太大，需要尽快抑制住收入差距扩大的趋势，然后再缩小收入差距，给老百姓一个预期。缩小收入差距不是要搞平均主义，而是要打击因为非法收入带来的收入差距，整顿不合理收入导致的收入差距，调节既合理又合法但是过高的收入。在市场经济条件下总是会存在收入差距，关键是要公平分配。

何谓公平？一是机会要均等，就是给不同的人以同样机会，犹如参加运动会一样，让所有愿意参加的人都可以报名参加。只让张三参加不让李四参加就是机会不均等，至于能不能获得名次，能不能进入下一轮比赛那就要看他的成绩。二是规则要均等，就是给不同的人以同样的规则，规则面前人人平等。三是权利要均等，不同的人要享受同等的权利。公平分配就是等量贡献获得等量报酬。四是社会政策要托底，也就是说在市场经济条件下总是会存在一些弱者，有的人生下来四肢健全，有的人生下来就有残疾，让残疾人与健全的人在同样的规则下参加比赛，貌似公平实则不公平，这就需要社会政策来托底，保护市场经济中的弱者，这是政府的职责。从一定意义上讲，不在于哪个人收入多高，关键看分配是不是公平。在美国乃至全世界没有人说比尔·盖茨收入高了，在中国也没有人说马云收入高了，因为人家是合法收入，人家是自己干出来的，有本事你也干出来。之所以老百姓对现在的收入分配有意见，是因为不公平分配现象太多了，在同一个单位，干同样的活，有正式工、合同工、临时工，收入以及福利待遇差别很大，怎么能没有意见呢？在少数垄断行业，贡献小也能获得高收入，正像有人所言，扫地拿的也不少，其他行业能没有意见吗？最为重要的是解决公平分配，分配公平了，那怕收入低心里也服，否则无论如何不服气，不服气就生怨气，怨气积累多了，社会就不稳定，有个风吹草动就容易酿成恶性事件。

3. 解决收入差距慢不得、急不得。收入差距的过分扩大已经引发了诸多的社会矛盾，因此必须铁定决心，深化分配制度改革，而且要做几件具体实事，不能只停留在口头上，也不能仅仅停留在制定文件的层面上，需要的是落到实处，需要具体化。实事求是说，缩小收入差距，我国政府已经做了大量工作，如征收累进的个人所得税、积极地扶贫开发、解决零就业家庭的就业、废除农业三税、为农民建立新农合、建立和完善城乡最低生活保障制度特别是第一次在农村建立最低生活保障制度、第一次在农村建立养老保险制度、有秩序转移农村剩余劳动力等等。如果没有采取这些措施，收入差距一定会更大，但是要冷静地看到，老百姓并没有完全认账，觉得还不过瘾。我想下一步是否可以选择做以下几件具体的事：一是建立个人收入和财产信息系统，这是缩小收入差距的基础，也就是说要掌握老百姓的收入存量和流量，摸清情况。只需要有国家税务总局牵头，给每个人一个固定的财务账号，对外是保密的，因为收入是个人隐私，只有法律赋予的部门可以查阅居民收入，所有的收入都要通过财务账号反映出来。可以先从增量做起，即规定未来某个日期开始，所有的收入都要通过财务账号反映出来，所有的工资、奖金、津贴以及生产要素所得都要通过财务账号，银行存款也要使用财务账号。对于之前形成的存量财富可以暂时不动，因为不可能在短时间内让全国城乡居民都去银行改账号。只有信息系统建立起来了，才能从根本上防止偷税漏税。二是尽快征收遗产税和赠与税。遗产税的问题早在1993年党的十四届三中全会通过的《决定》中就提出来了，当时提出要"适时开征遗产税和赠与税"，但20多年过去了，我们仍在讨论中，赞成和反对各执一词。我是赞成者，因为开征遗产税不在于收了多少税，而在于给下一代提供一个公平竞争的条件，尽可能减少财富的代际转移。西方发达国家之所以不少富翁临终前立下遗嘱，要把财产捐献出来，设立基金什么的，很重要的一个方面就是有遗产税，捐出来还可以留名，否则通过遗产税若干代之后同样是国家的。现在有一种担心，就是征收遗产税之后，会不会导致富人把财富转移到境外，这种担心不是多余的。一个时期以来，不少大款已经把财富转移到国外去了，怎么解决这个问题，在全世界日益开放的背景下，究竟要不要加入外国国籍是公民的自由选择，但是富翁而言不能在国内挣了钱全部转移到国外，要转移可以，但其前提条件是要缴纳与遗产税一样的财富转移税，缴了之后想到哪个国家是你的自由。赠与税是和遗产税相并行的税种，不必多言。三是要在全国范围内开征财产税，也即是物业税。对于物业税，各个国家有不同的模式，有的国家是对所有的居民住房不管面积大小全部征缴，我认为，在我国不能对所有住房都征缴，而是要对人均居住面积以上或两套房以上的房屋征收，因为有的居民居住面积很小，有的住的是政府提供的保障房或廉租房，本来就是低收入者或需要救济的，你也去征税，显然不合适。居住面积超过了平均水平或拥有两套房，至少是个中上等收入者可以征。四是要提高个人所得税免征额。目前的个税免征额3500元太低，因为在不少城市特别是大城市这是个低收入水平，让低收入者纳税显然不利于缩小收入差距，要提高到月收入8000元甚至10000元以上，真正让高收入者成为纳税主体。

收入差距的扩大不是一天两天形成的，缩小收入差距也不能期望于一天两天或在短时期内就能完成，主观愿望都是想尽快把收入差距控制在合理区间，但不符合现实，历史形成的问题需要通过一个历史过程来解决，太着急可能适得其反，欲速则不达，需要一步一个脚印。如果能够用10年时间实现收入差距合理的目标就是一个了不起的历史贡献。

　　总之，陈宇学同志加入研究收入分配队伍的行列，而且已经有了这么一个沉甸甸的成果。希望继续研究下去，把更多的研究成果传递给中央，传递给学员，汇聚更多的力量，凝聚更多的共识，为我国经济社会发展聚集更多正能量，破解经济社会发展难题，促进经济发展、社会和谐，这不就是中国梦，党校教师的梦吗？

　　（作者为中共中央党校经济学部主任、教授，收入分配问题研究专家）

2014 年 9 月 26 日

目　录
CONTENTS

第二章　增加居民收入　实现公平发展

第三章　收入分配差距的效应

第五章　完善初次分配机制

第六章　健全再分配调节机制

第七章　建立健全促进农民收入较快增长的长效机制

第一章
我国收入分配制度概述

改革开放 36 年来，我国经济社会发展取得令世人瞩目的成就：经济繁荣，社会稳定，居民收入不断增加，已从低收入国家跃升为中上等收入国家，人均 GDP 也从 1978 年的 200 美元提高到 2013 年的 6767 美元，已经处于中上等收入国家转型的关键时期。收入分配制度的改革对我国经济社会发展的影响将会进一步加深。如何解决居民收入分配差距过大和持续增长的动力来源是不可回避的问题。

国际经验表明，在经济快速发展、利益格局更加复杂多样的情况下，如何及时调整已经形成的经济关系和利益格局，缩小城乡、区域和居民收入差距，促进社会公平正义，维护社会稳定，是避免陷入"中等收入陷阱"的重要保障。拉美地区及许多发展中国家对于经济快速发展时期伴随而来的收入分配差距的扩大处理不当，所引发的社会关系紧张甚至社会动荡，是这些国家和地区陷入中等收入陷阱重要原因。目前，我国正处在进入中等收入阶段后的矛盾凸显期和风险高发期，城乡区域发展失衡、收入分配差距持续扩大、社会发展滞后于经济发展的局面难以为继。这就要求我们重视借鉴国际发展经验教训，加快调整既有利益格局，加快推进收入分配、要素价格、垄断行业等关键领域的改革，加快发展社会事业和改善民生，加快推进城乡区域基本公共服务均等化和经济社会协调发展，保证广大人民群众共享改革发展成果，形成经济增长、分配公平、社会和谐的良性互动。

第一节　我国收入分配制度的历史演进

收入分配制度演进的过程也是经济体制不断改革和完善的过程，生产资料所有制决定了收入分配制度的改革方向。我们把收入分配制度的历史演进分为三个时期：首先是建国前革命根据地以及解放区实行的收入分配制度；其次是建国后到十一届三中全会之前分配制度的变化；最后是从改革开放至今。在市场经济体制不断完善的条件下，收入分配制度逐渐发展成熟的过程。

一、新中国成立前在革命根据地及解放区实行的收入分配制度

建国前在革命根据地实行的分配制度主要是土地分配制度。根据不同的革命形势和要求，在大革命时期、土地革命时期、抗日战争时期和解放战争时期，土地的具体分配方式又有

所不同。

（一）大革命时期（1924—1927年）

中国共产党自成立之日起就对生产资料分配制度有相关的阐述，在"一大"的纲领中提到了要"消灭资本家私有制，没收机器、土地、厂房和半成品等生产资料"，并且在党的二大、三大、四大的文件中提出限田限租、废除重税以及"废除包工制，承认工会的团体契约制"，"女工与男工之工资待遇一律平等"的主张。进入大革命时期，土地制度革命成为鼓励农民参加反帝反封的重要措施。1925年10月中共中央执委会扩大会议通过的《中国现时的政局与共产党的职任议决案》，第一次提出没收土地，并通过分配土地给农民，改变了农民在收入分配上受剥削的状况，这成为中国共产党在建国前分配政策的主要内容。

（二）土地革命时期（1927—1937年）

1928年—1931年，中华苏维埃政府先后完善和颁布了《井冈山土地法》、《兴国土地法》和《中华苏维埃土地法》，由于《井冈山土地法》中规定没收一切土地而不是只没收地主的土地，容易侵犯到中农的利益，因此，《兴国土地法》对《井冈山土地法》所作出的一个重大的原则性修改就是：把没收一切土地改为没收一切公共土地及地主阶级的土地。到1931年，中国共产党在总结土地革命经验的基础上已经逐步形成了一条比较完整的土地革命路线和正确进行土地分配的方法，即：

（1）依靠贫农，联合中农，限制富农，促护中小工商业者，消灭地主阶级，变封建半封建的土地所有制为农民的土地所有制，没收地主的土地分给农民；（2）以乡为单位，按人口平均分配土地，在原耕地基础上，实行抽多补少，抽肥补瘦。

（三）抗日战争时期（1937年—1945年8月）

为建立最广泛的抗日民族统一战线，中国共产党在敌后抗日根据地实行减租减息的土地政策。即地租一般以实行二五减租为原则，按抗日战争前的原租额，减去百分之二十五；利息一般减少到社会借贷关系所允许的程度。这个政策的实行，既减轻了农民的负担，改善了农民的生活，调动了广大农民的抗日积极性，又有利于争取地主和资产阶级的大多数站在抗日民族统一战线一边。

（四）解放战争时期（1945年8月—1949年9月）

这一时期由于社会矛盾发生了变化，土地改革的条件日渐成熟。1945年5月4日，中共中央发出《关于清算减租及土地问题的指示》（即"五四指示"），将减租减息的政策改为没收地主土地分配给农民的政策，通过反奸、清算、减租、减息、退租、退息等方式，从地主手中获得土地。1947年9月，中国共产党在西柏坡召开了全国土地会议，详细研究了中国土地制度和土地改革的经验，并制定了具有历史意义的《中国土地法大纲》。该大纲共16条。其中，第一条明确规定："废除封建性及半封建性剥削的土地制度，实行耕者有其田的土地制度"；

第十一条明确规定："分配给人民的土地，由政府发给土地所有证"。同时又规定"分配接收的地主的牲畜、农具、房屋、粮食及其他财产给缺乏这些财产的农民及其他贫民，并分给地主同样的一份"。到 1949 年又强调在解放区要先减租减息、发动群众，再分配土地。解放区实施的一系列土地分配政策极大地调动了农民参加革命斗争和保护革命成果的积极性，对巩固和壮大根据地建设起到了关键作用，为我们取得革命事业的最终胜利打下了坚实的基础。

中国共产党在解放区进行土地改革和分配制度改革的同时，在中央机关以及部队内部工作人员的收入分配方式主要采取供给制，即根据财政状况免费供给生活必需品。中央苏区、各根据地及各解放区的军用和民用企业分配制度主要实行供给制，也有实行混合工资制（即部分供给部分工资制）和工资制。这些分配方式都是大体平均的分配制度，都带有军事共产主义性质和战时特征。这是在特殊的战争环境和困难的物质条件下，保证最低生活需求，并调动革命群众积极性的必然选择。

二、新中国成立到改革开放前的收入分配制度变迁

根据社会特征的不同，这一阶段分为三个时期，分别为社会主义社会过渡时期、全面建设社会主义时期和文化大革命时期。

（一）1946—1956 年：由新民主主义社会向社会主义社会过渡时期

建国初期，我国处于由国营经济主导的多种经济成分并存的新民主主义经济时期，包括有国营经济、合作经济、私人资本主义经济、个体经济、国家资本主义经济等多种经济成分，暂时无法完全实行按劳分配。新中国刚成立，迫于国内"一穷二白"和百废待兴的经济形势，为巩固新生政权，并在短期内完善工业体系，我国制定了以优先发展重工业为目标的经济发展战略。在相应的收入分配制度上，劳动在初次分配中所占的份额比较低，工人和农民收入都很低。1953 年后，在"过渡时期总路线"的指导下，我国开始向单一公有制的计划经济过渡，收入分配制度也由多种分配制度并存向按劳分配单一制度转变。1956 年三大改造完成后，社会主义制度建立，我国进入了社会主义初期阶段。我国在城市建立了国营和集体经济为主的所有制结构，改供给制为货币工资制，并进行了全国性的工资改革，按劳分配成为主要的甚至是唯一的收入分配方式。在农村，原本家庭经营、自负盈亏的个体经济，经过合作化和人民公社化，转化成为以按劳分配为主、兼顾平等分配方式的集体经济。

我国在完成"没收官僚资本"和"土地改革"后，在多种经济成分并存发展的基础上，实行了"公私兼顾、劳资两利"、"低工资、多就业"和"劳动致富"的收入分配政策。

（二）1956—1966 年：全面建设社会主义时期

1957 年 10 月后，受"左倾"路线影响，我国开始了"大跃进"和"人民公社化"运动，国民经济发展走入困境，按劳分配一度被取消。1958 年 8 月北戴河会议上，毛泽东曾考虑取消工资制，恢复供给制。但 1958 年八届六中全会通过的《关于人民公社若干问题的决议》则强调要继续发展商品生产和交换，保持按劳分配原则，开始努力纠正"左倾"错误。

（三）1966—1976 年：文化大革命时期

十年文化大革命期间，国家的经济建设仍在进行，国家的经济基础和运行机制没有大的改变，工农业总产值年平均增长率为 7.1%，社会总产值年平均增长率为 6.8%，国民收入年平均增长率为 4.9%。但是由于在经济领域大搞平均主义分配，否定物质利益原则、计件工资和奖金制，并且把这些分配政策当作资本主义的遗留产物，把市场经济行为与政治意识形态混为一谈，使得生产力遭到严重破坏，按劳分配政策在实践中遭遇重大挫折，人民正常生活难以为继。

新中国建立之后，如何在推进工业化建设与加强国防建设的同时，保障人民生活水平的逐步提高，是一个极具挑战性的难题。在经历了旧中国极端贫穷落后和社会不公平、不公正之后，人民群众对新政权实现社会公平正义与生活水平的提高抱有极大的期望，而实现工业化和加强国防建设所需要的巨额积累，又必然会在一定时期内抑制社会消费水平的提高。在这种情况下，政府的集中领导和组织协调尤为重要，需要政府使用行政手段这只看得见的手，干预社会产品的分配，使全体人民的生活得到基本保障、收入差距能够控制在一定的范围之内。这种分配制度取得了巨大成就。经过 20 多年的有计划的经济建设，我国形成了独立的、比较完整的工业体系和国民经济体系，工业总量跃居世界第六。农业生产条件明显改善，粮食产量的增长超过了人口增长，为解决人民群众温饱问题打下了坚实基础。

三、改革开放至今的收入分配制度变迁

改革开放以后，收入分配制度随着经济体制改革的进行不断得到完善，从打破平均主义到生产要素按照贡献参与分配，从绝对公平到效率与公平兼顾，收入分配制度在历届重大的党代会中得到不断完善和发展。

（一）十一届三中全会提出"克服平均主义"

改革开放前，我国在理论上强调按劳分配，在实际执行过程中却变为平均主义，人民生产积极性被压抑。十一届三中全会《公报》第一次提出了要"克服平均主义"，以农村为突破口，提出"不允许无偿调用和占有生产队的劳力、资金、产品和物资；公社各级经济组织必须认真执行按劳分配的社会主义原则，按照劳动的数量和质量计算报酬，克服平均主义"。随后经济体制改革以农村为突破口，推行了家庭联产承包责任

制，"缴够国家的，留够集体的，剩下都是自己的"，这是分配制度的重大改革，表明我国在分配领域开始拨乱反正，重新强调按劳分配原则，农民生产积极性得到了极大释放，农民物质生活水平得到彻底改善。

（二）十二届三中全会提出深化分配制度改革，进一步贯彻落实按劳分配的社会主义原则，并作出了若干具体规定

1984 年 10 月召开了党的十二届三中全会，通过了《中共中央关于经济体制改革的决定》。在经济利益分配上，突破了"社会主义就是要平均"、"把共同富裕理解为完全平均和同步富裕"的传统观念和忽视企业、劳动者个人利益的做法，第一次提出要允许和鼓励一部分地区、一部分企业和一部分人依靠勤奋劳动和合法经营先富起来，然后带动更多的人一浪接一浪地走向富裕。

十二届三中全会总结了十一届三全会之后农村经济体制改革的成功经验，提出经济体制改革的重点要由农村转向城市，把如何增强企业活力作为经济体制改革的中心环节。全会提出要建立多种形式的经济责任制，认真贯彻按劳分配原则；强调在企业内部，要实行工资奖金同经济利益挂钩，扩大工资差距，拉开档次，以充分体现奖勤罚懒、奖优罚劣。十二届三中全会以后，根据决定的精神，相继进行了微观层面的收入分配制度改革，主要有：改革国有企业工资管理体制，实行企业工资总额同经济效益挂钩的制度；改革了机关事业单位的工资制

度，实行结构工资制；开征个人收入调节税。

（三）十三大：实行以按劳分配为主体，其他分配方式为补充的分配制度

从十三大开始，收入分配制度多元化被提出并进入探索阶段。1987 年 10 月召开的十三大明确指出，我国正处于社会主义初级阶段，正确地认识我国社会所处的历史阶段是建设有中国特色社会主义的首要问题。所有制的性质和结构决定分配的性质和结构。社会主义初级阶段的分配方式不可能是单一的，第一次在党的代表大会报告中提出了以按劳分配为主体、以其他分配方式为补充的原则，提出了允许合法的非劳动收入，要在促进效率的前提下体现社会公平等政策主张。必须实行"在以按劳分配为主体的前提下，实行多种分配方式"，并具体概括为"企业发行债券筹集资金，就会出现凭债权取得利息；随着股份经济的产生，就会出现股份分红；企业经营者的收入中，包含部分风险补偿；私营企业雇用一定数量劳动力，会给企业主带来部分非劳动收入"等分配方式。非劳动收入，只要是合法的，就应当允许；社会主义初级阶段的分配政策，既要有利于善于经营的企业和诚实劳动的个人先富起来，合理拉开收入差距，又要防止贫富悬殊，坚持共同富裕的方向，在促进效率的前提下体现公平，这是效率优先、兼顾公平的雏形，是收入分配理论的巨大进步。

（四）十四大：效率优先，兼顾公平

1992 年 10 月召开的党的十四大，提出了我国经济体制改革的目标模式是建立社会主义市场经济体制，并在收入分配制度上提出，"以按劳分配为主体，其他分配方式为补充，兼顾效率与公平。运用包括市场在内的各种调节手段，既鼓励先进，促进效率，合理拉开收入差距，又防止两极分化，逐步实现共同富裕"。首次提出在分配制度上要兼顾效率与公平的原则。

（五）十四届三中全会：多元化分配政策的推进和深化阶段

1993 年 11 月召开了党的十四届三中全会，此次全会通过了《中共中央关于建立社会主义市场经济体制若干问题的决定》，对建立与社会主义市场经济体制相适应的个人收入分配制度作了详细阐述，提出了收入分配制度的十一项基本原则。如"个人收入分配坚持以按劳分配为主体、多种分配方式并存的制度"，将多种分配方式作为与按劳分配方式长期并存的制度确定了下来；个人收入分配要"体现效率优先、兼顾公平的原则"。这是在党的文献中，首次提出了在处理公平与效率关系问题上应坚持的原则，提倡先富带动和帮助后富，逐步实现共同富裕；允许属于个人的资本等生产要素参与收益分配；建立企业职工工资正常的增长机制；公务员的工资由国家根据经济发展状况并参照企业平均工资水平确定和调整，形成正常的晋级和工资增长机制；事业单位实行不同的工资制度和分配方式，有条件的可以实行企业工资制度；实行最低工资标准，推进个人收入的货币化和规范化；建立多层次的社会保障体系。

党的十四届三中全会在分配制度上主要有三大突破：一是突破了十三大提出的其他分配方式为补充，第一次提出了"多种分配方式并存的制度"，表明其他分配方式在整个分配方式中的地位发生了重大变化；二是在公平与效率关系上，第一次提出了效率优先，兼顾公平的原则，突破了之前的兼顾效率与公平；三是第一次提出了生产要素参与收益分配。[①]

（六）十五大：完善分配结构和分配方式

十五大在分配制度改革方面的最大突破是，第一次明确提出要建立按劳分配与按生产要素分配相结合的分配制度，解决了生产要素能不能参与收入分配的问题，彻底突破了过去单一的、排斥其他生产要素参与分配的传统按劳分配体制。第一次把其他分配方式科学地概括为"按生产要素分配"，并对"生产要素"的范围进行了界定："把按劳分配和按生产要素分配结合起来……允许和鼓励资本、技术等生产要素参与收益分配"，充分肯定了非劳动生产要素参与分配的必要性和合法性，是我国收入分配理论的重大创新。

十五大提出了一系列分配制度和政策措施，包括：（1）坚持按劳分配为主体，多种分配方式并存的制度；（2）把按劳分

---

① 赵振华：当前我国收入分配问题及政策选择，《中共中央党校讲稿》，中央党校教务部，2014 年第 189 号。

配和按生产要素分配结合起来；（3）坚持效率优先，兼顾公平；（4）要依法保护合法收入，允许和鼓励一部分人通过诚实劳动和合法经营先富起来，允许和鼓励资本、技术等生产要素参与收益分配。取缔非法收入，对侵吞公有资产和用偷税逃税、权钱交易等非法手段牟取利益的，坚决依法惩处。整顿不合理收入，对凭借行业垄断和某些特殊条件获得个人额外收入的，必须纠正。调节过高收入，完善个人所得税制，开征遗产税等新税种。规范收入分配，使收入差距趋向合理，防止两极分化。（5）要正确处理国家、企业、个人之间和中央与地方之间的分配关系，逐步提高财政收入占国内生产总值的比重，并适应所有制结构变化和政府职能转变，调整财政收支结构，建立稳固、平衡的国家财政；（6）建立社会保障体系，实现社会统筹和个人账户相结合的养老、医疗保险制度，完善失业保险和社会救济制度，提供最基本的社会保障。

1999 年 9 月召开的十五届四中全会通过了《中共中央关于国有企业改革和发展若干重大问题的决定》，该决定对国有企业分配问题进行了阐述，第一次提出了"建立与现代企业制度相适应的收入分配制度，在国家政策指导下，实行董事会、经理层等成员按照各自的职责和贡献取得报酬的办法"，体现了按生产要素分配的政策导向。

（七）十六大：将分配制度和分配体制改革推向了一个新的高度

2002年11月召开了十六大。十六大在十五大的基础上，对生产要素的范围进行了修改和补充，增加了"劳动"和"管理"两种要素，确立了劳动、资本、技术和管理等生产要素按贡献参与分配的原则，解决了其他生产要素能不能和怎么样参与收入分配的问题，是我国分配制度改革的重大突破。十六大在收入分配目标上提出，我国的分配制度改革要以共同富裕为目标，扩大中等收入者比重，提高低收入者收入水平。这指明了今后我国要努力形成的收入分配新格局，即中等收入者占人口的多数，并占有大部分收入和财富的格局；建立健全同我国经济发展水平相适应的社会保障体系，坚持社会统筹和个人账户相结合，完善城镇职工基本养老保险制度，健全失业保险制度和城市居民最低生活保障制度。发展城乡社会救济和社会福利失业。有条件的地方，探索建立农村养老、医疗保险和最低生活保障制度。

（八）十七大：继续深化分配制度改革

2007年10月召开的十七大，针对收入分配领域存在的突出问题强调：（1）初次分配和再分配都要处理好效率和公平的关系，再分配更加注重公平；（2）要逐步提高居民收入在国民收入分配中的比重，对于"劳动"要素强调要"提高劳动报酬在初次分配中的比重"；（3）创造条件让更多群众拥有财产性收入。（4）保护合法收入，调节过高收入，取缔非法收入。扩大转移支付，强化税收调节，打破经营垄断，创造机会公平，整顿分配秩序，逐步扭转收入分配差距扩大趋势。可以看出，我国的收入分配制度更加注重效率与公平关系的结合，更加关注民生。随后的十七届五中全会，第一次提出要实现"两个同步"，即"居民收入增长和经济发展同步、劳动报酬增长和劳动生产率提高同步"。

（九）十八大：收入分配改革的目标是最终实现发展成果由人民共享

2012 年 11 月召开的党的十八大，更是全面深入地阐述了我国收入分配改革和努力的方向。针对我国目前收入分配中存在的各种问题，提出了明确的改革目标，最终实现发展成果由人民共享。（1）千方百计增加居民收入；（2）实现发展成果由人民共享，必须深化收入分配制度改革，努力实现居民收入增长和经济发展同步、劳动报酬增长和劳动生产率提高同步，提高居民收入在国民收入分配中的比重，提高劳动报酬在初次分配中的比重；（3）初次分配和再分配都要兼顾效率和公平，再分配更加注重公平；（4）完善劳动、资本、技术、管理等要素按贡献参与分配的初次分配机制，加快健全以税收、社会保障、转移支付为主要手段的再分配调节机制；（5）深化企业和机关事业单位工资制度改革，推行企业工资集体协商制度，保护劳动所得；（6）多渠道增加居民财产性收入；（7）规范收入分配秩序，保护合法收入，增加低收入者收入，调节过高收入，取缔非法收入；（8）统筹推进城乡社会保障体系建设。

2013年2月出台的《关于深化收入分配改革的若干意见》更是凸显出我国目前解决收入分配问题的重要性。该意见重申"坚持按劳分配为主体、多种分配方式并存，坚持初次分配和再分配调节并重，继续完善劳动、资本、技术、管理等要素按贡献参与分配的初次分配机制，加快健全以税收、社会保障、转移支付为主要手段的再分配调节机制，以增加城乡居民收入、缩小收入分配差距、规范收入分配秩序为重点，努力实现居民收入增长和经济发展同步，劳动报酬增长和劳动生产率提高同步，逐步形成合理有序的收入分配格局"的收入分配改革的总体要求。

2013年11月召开的十八届三中全会通过的《中共中央关于全面深化改革若干重大问题的决定》，在收入分配制度改革方面主要体现为：（1）扩展投资和租赁服务等途径，优化上市公司投资者回报机制，保护投资者尤其是中小投资者合法权益，多渠道增加居民财产性收入；（2）建立个人收入和财产信息系统，保护合法收入，调节过高收入，清理规范隐性收入，取缔非法收入，增加低收入者收入，扩大中等收入者比重，努力缩小城乡、区域、行业收入分配差距，逐步形成橄榄型分配格局；（3）建立公共资源出让收益合理共享机制；（4）允许混合所有制经济实行企业员工持股，形成资本所有者和劳动者利益共同体。

纵观改革开放 36 年来，我国的收入分配（表 1—1）经历了从实行单一的按劳分配，到按劳分配为主、多种分配方式并存的原则，最后到按劳分配与按生产要素（资本、技术、管理等）相结合的分配制度，并从坚持效率优先、兼顾公平，到初次分配注重效率、再分配注重公平，最后到初次分配和再分配都要处理好效率和公平的关系、再分配更加注重公平的过程，对收入分配制度的改革充分体现出以人为本的价值取向和对共同富裕目标的追求。

表 1—1　改革开放以来的收入分配制度沿革概览

历次会议	收入分配制度	分配要素	分配原则
十一届三中全会（1978 年）	按劳分配	劳动	注重积累克服平均主义
十三大（1987 年）	按劳分配为主体其他分配方式为补充	劳动	促进效率提高体现社会公平
十四大（1992 年）	按劳分配为主体其他分配方式为补充	劳动	效率与公平兼顾
十四届三中全会（1993 年）	按劳分配为主体明确提出个人资本参与收入分配	劳动个人资本	效率优先兼顾公平
十五大（1997 年）	按劳分配与按要素分配相结合	劳动、资本技术	效率优先兼顾公平
十六大（2002 年）	按劳分配与按要素分配相结合	劳动、资本技术、管理	初次分配注重效率再分配注重公平

历次会议	收入分配制度	分配要素	分配原则
十七大 （2007 年）	按劳分配与按要素 分配相结合	劳动、资本 技术、管理	初次分配处理好效率 再分配更加注重公平
十八大 （2012 年）	按劳分配与按要素 分配相结合	劳动、资本 技术、管理	初次分配和再分配都要兼 顾效率和公平，再分配更 加注重公平

第二节　当前我国收入分配格局

收入分配格局是指国民收入在政府部门、企业和居民之间的分布。① 政府、企业和居民是国民收入分配中的三个主体。其中，居民是社会之本，居民在国民收入分配中应当占有基础地位。具体而言，国民收入分配包括：收入在政府、企业、居民之间的分配；居民收入在城镇与农村居民内部的分配，居民收入在城镇居民与农村居民之间的分配，居民收入在不同收入阶层之间的分配，居民收入在不同地区以及不同行业居民之间的分配。

一、初次分配和再分配格局

由于收入分配包含不同的阶段和环节，所以收入分配格局

---

① 政府部门包括所有从事非营利活动的公共服务机构，包括党政机关、服务性组织和企业；企业部门包括金融企业和非金融企业；居民包括资金流量表中的住户部门，包括城镇和农村的个体劳动者。

可以分为初次分配格局和再分配格局。

（一）初次分配格局

初次分配是直接与生产要素相联系的分配，是对生产经营增加值的直接分配。任何生产活动都离不开劳动力、资本、土地和技术等生产要素，在市场经济条件下，取得这些要素必须支付一定的报酬，这种报酬就形成了各要素提供者的初次分配收入。初次分配主要由市场机制形成，政府通过税收杠杆和法律法规进行调节和规范。初次分配中，政府收入是企业以利润和税金形式上缴形成的国家纯收入；居民主要是得到劳动报酬；而企业收入主要是支付劳动报酬后的部门增加值。各部门再加上财产收入的分配，包括地租、利息和红利等收入，就形成了初次分配格局。

从表1—2可以看出，近十几年来各收入主体在初次分配中收入总量均有较大幅度的提高，而且保持着持续增长的态势。从比例上分析，居民收入在国民收入分配格局中占有大部分比例，10年来增长5.8倍，但是纵观世界各国发展经验，我国居民收入在初次分配中占比还较低，并且居民收入比重呈逐年下降趋势。在发达国家中，以美国和日本为例，20世纪90年代以来美国的居民分配比率一直比较稳定，平均为73.4%，政府和企业分配比率在13%左右，而日本在1973年人均GDP

达到 3348 美元时，居民最终分配比率大约为 75%。[①] 与发达国家同我国经济发展水平相当时期的收入分配比率相比，我国居民收入占比要低 13 个百分点左右，相应的政府和企业部门分配比率要高出 6 个百分点左右。

表 1—2　2000—2011 年我国国民收入初次分配格局

| 年份 | 初次分配收入（亿元） | | | | 初次分配格局（%） | | |
	总收入	企业	政府	居民	企业	政府	居民
2000	98000.5	19324.3	12865.2	65811.0	19.72%	13.13%	67.15%
2001	108068.2	23122.2	13697.3	71248.7	21.40%	12.67%	65.93%
2002	119095.7	25694.2	16600	76801.6	21.57%	13.94%	64.49%
2003	134977.0	30077.0	18387.5	86512.5	22.28%	13.62%	64.09%
2004	159453.6	40051.2	21912.7	97489.7	25.12%	13.74%	61.14%
2005	183617.4	45026.4	26073.9	112517.1	24.52%	14.20%	61.28%
2006	215904.4	53416.4	31373	131114.9	24.74%	14.53%	60.73%
2007	266422.0	68349.9	39266.9	158805.3	25.65%	14.74%	59.61%
2008	316030.3	84085.8	46549.1	185395.4	26.61%	14.73%	58.66%
2009	340320.0	84169.6	49606.3	206544.0	24.73%	14.58%	60.69%
2010	399759.5	97968.3	59926.7	241864.5	24.51%	14.99%	60.50%
2011	468562.4	112212.5	72066.9	284282.9	23.95%	15.38%	60.67%

数据来源：2000—2012 年《中国统计年鉴》资金流量表（实物交易）。

---

① 安体富，蒋雯：对调整我国国民收入分配格局、提高居民分配份额的研究，《经济研究参考》，2009 年第 25 期。

（二）再分配格局

再分配是国民收入继初次分配之后在整个社会范围内进行的分配，是指国家的各级政府通过税收和财政支出的形式参与国民收入分配的过程。

从表1—3可以看出，企业作为重要的纳税主体在再分配过程中转移出大量收入，且大部分以税收形式进入到政府部门。政府把各个部门上缴的税金集中起来，形成国家预算收入，然后通过预算支出形式，用于经济建设、文教卫生、国防建设、福利设施、行政管理等各方面。各级政府间也进行直接转移支付旨在平衡经济发展水平和解决贫富差距，如社会保险福利津贴、抚恤金、养老金、失业补助、救济金以及各种补助费等，农产品价格补贴也是政府的转移支付。由于政府的转移支付实际上是把国家的财政收入还给个人，或者为居民提供公共服务，所以有的西方经济学家也称之为负税收。再分配调节机制在增加城乡居民收入、缩小收入分配差距、规范收入分配秩序方面意义重大，要加快健全以税收、社会保障、转移支付为主要手段的再分配调节机制，以实现居民收入增长和经济发展同步，劳动报酬增长和劳动生产率提高同步。

国民收入经过初次分配和再分配后，各分配主体得到可支配总收入，表1—4中计算得出可支配总收入情况。2000—2011年间，企业可支配总收入占比从17.9%上升到20%，政府部门占比从14.5%上升到19.2%，居民占比从67.5%下降为60.8%。

表 1—3　2000—2011 我国再分配收入格局（亿元）

年份	运用			来源			合计		
	企业	政府	居民	企业	政府	居民	企业	政府	居民
2000	2077.56	3666.36	3223.21	423.49	5115.22	3950.88	-1654.06	1448.86	727.67
2001	3128.01	4250.58	4057.62	587.39	6877.48	4674.24	-2540.62	2626.90	616.62
2002	3290.02	5173.71	5162.07	836.99	8079.70	5783.83	-2453.03	2905.99	621.75
2003	3905.54	6059.07	6313.98	1034.49	9618.36	7069.97	-2871.05	3559.30	755.99
2004	5054.59	7226.11	7652.70	1325.65	11831.03	8671.95	-3728.94	4604.92	1019.24
2005	6455.95	8355.95	9568.84	1518.06	14855.70	9961.94	-4937.90	6499.75	393.10
2006	8203.82	10291.66	11598.92	1777.92	18643.53	11910.41	-6425.90	8351.86	311.49
2007	11045.57	12539.83	14901.14	2188.20	24465.06	14654.49	-8857.38	11925.24	-246.65
2008	14385.93	16730.24	18370.00	2857.29	30725.16	18900.87	-11528.64	13994.93	530.87
2009	14832.25	20524.08	21456.14	3239.45	33521.07	22214.48	-11592.80	12997.00	758.34
2010	16599.99	26337.36	25786.77	3907.41	40526.88	27044.00	-12692.58	14189.52	1257.23
2011	22423.75	34189.55	31817.90	4380.88	52325.84	33307.54	-18042.86	18136.28	1489.65

数据来源：2000—2012 年《中国统计年鉴》资金流量表（实物交易）。

表1—4　2000—2011 我国再分配调整后的收入分配格局（亿元）

年份	初次分配			再分配			可支配总收入		
	企业	政府	居民	企业	政府	居民	企业	政府	居民
2000	19324.3	12865.2	65811.0	-1654.1	1448.9	727.7	17670.2	14314.1	66538.7
2001	23122.2	13697.3	71248.7	-2540.6	2626.9	616.6	20581.6	16324.2	71865.3
2002	25694.2	16600.0	76801.6	-2453.0	2906.0	621.8	23241.2	19506.0	77423.4
2003	30077.0	18387.5	86512.5	-2871.1	3559.3	756.0	27206.0	21946.8	87268.5
2004	40051.2	21912.7	97489.7	-3728.9	4604.9	1019.2	36322.3	26517.6	98508.9
2005	45026.4	26073.9	112517.1	-4937.9	6499.8	393.1	40088.5	32573.7	112910.2
2006	53416.4	31373.0	131114.9	-6425.9	8351.9	311.5	46990.5	39724.9	131426.4
2007	68349.9	39266.9	158805.3	-8857.4	11925.2	-246.7	59492.5	51192.1	158558.7
2008	84085.8	46549.1	185395.4	-11528.6	13994.9	530.9	72557.2	60544.0	185926.3
2009	84169.6	49606.3	206544.0	-11592.8	12997.0	758.3	72576.8	62603.3	207302.3
2010	97968.3	59926.7	241864.5	-12692.6	14189.5	1257.2	85275.7	74116.2	243121.7
2011	112212.5	72066.9	284282.9	-18042.0	18136.3	1489.7	94169.6	90203.2	285772.6

数据来源：2000—2012 年《中国统计年鉴》资金流量表（实物交易）。

总体来说，在纵向时间维度上，企业部门在国民收入中所占比重，无论在初次分配还是最终分配上均呈上升之势，与此相反，居民部门在国民收入中所占比重却呈现逐渐下降之势。

（三）劳动者收入增长相对缓慢的表现和原因

改革开放 30 多年来，国民生产总值以年均 9.7% 的速度高速增长，但是在这样一个高速持续增长的背后，城乡居民收入未能与此保持同步增长。剔除价格因素，以不变价格计算 GDP 增长率的方法来算，在过去的 30 多年间，城镇居民可支配收入年均增长与农村居民纯收入年均增长均低于 GDP 的增长。根据国家统计局数据测算，1978 年—2011 年我国城镇居民人均可支配收入年均实际增长 8.7%，农村居民人均纯收入年均实际增长 7%。城乡居民的平均年收入增长均低于同期 GDP 年均 9.8% 的增长速度。国家统计局公布的 2011 年以前的数据，城乡居民年均都未能跑赢 GDP 增速，即便是 2011 年我国农村人均收入增长速度开始略超同年 GDP 的增长速度，但是城镇居民人均可支配收入同比实际增长 8.4%，滞后于经济增长 0.8 个百分点，可见，城乡居民收入增长速度明显长期低于 GDP 的年均增长速度。

我国城乡居民收入增速不仅整体上一直慢于 GDP 的增长，而且低于财政收入的增长。由于公共政策长期在分配领域向资本收入和政府收入倾斜、加上快速发展经济以及政府导向型增长模式的选择使得政府在 2000 年之后的财政收入呈现加速增长的趋势。从 1979 年—2011 年这 32 年间，城乡居民收入年均增长速度为 7.4%，财政收入年均增长速度为 14.7%，相差7.3 个百分点。从 1991 年—2011 年这 20 年间，城镇和农村居民收入增长速度分别为 8.2% 和 6%，财政收入年均增长速度为18.5%，分别相差 10.3 和 12.5 个百分点。

形成这种局面的背后根源是我国的二元经济结构。二元经济结构的存在，使得随着我国工业化和城镇化进程的不断推进，农村剩余劳动力大量进入非农产业，造成长时期劳动力市场供过于求，从而长期压制了工资水平的上升。

二、居民收入差距测度指标：基尼系数

基尼系数（Gini Coefficient）是意大利经济学家基尼（Corrado Gini，1884—1965）在 1922 年提出的，用于定量测定收入分配差异程度。基尼系数的值在 0 和 1 之间，越接近 0，就表明收入分配越是趋向平等，反之，收入分配越是趋向不平等。按照国际一般标准，基尼系数在 0.3—0.4 间表示收入差距相对合理，0.4 以上的基尼系数表示收入差距较大，当基尼系数达到 0.6 时，则表示收入差距悬殊。

当前发达国家的基尼系数主要分布在 0.25—0.35 之间；新兴市场经济国家和地区与发展中国家的基尼系数主要分布在0.40—0.50 之间，其中，巴西、南非、哥伦比亚的较高，分别为 0.556、0.653 和 0.575，如表 1—5 所示。

表1—5 基尼系数的国际数据 [①]

国　家	基尼系数	国　家	基尼系数
美　国	0.378	俄罗斯	0.421
加拿大	0.324	巴　西	0.556
英　国	0.342	阿根廷	0.464
法　国	0.293	墨西哥	0.482
德　国	0.295	印　度	0.334
澳大利亚	0.336	南　非	0.653
日　本	0.329	中国台湾	0.342
韩　国	0.315	哥伦比亚	0.575

从表1—6中可以看到，我国全国居民收入的基尼系数从2003年开始就处于0.4国际警戒线以上，并且在2008年达到峰值0.491，此后逐步回落到2012年为0.474。2008年金融危机后，由于各级政府采取了惠民生的若干强有力措施，基尼系数逐渐降低，收入分配差距矛盾有所缓解。

表1—6 2003—2012年全国居民基尼系数值

年份	2003	2004	2005	2006	2007	2008	2009	2010	2011	2012
基尼系数	0.479	0.473	0.485	0.487	0.484	0.491	0.490	0.481	0.477	0.474

资料来源：国家统计局网站

[①] 资料来源：宋晓悟，王天夫，李实，王丰：《不平等挑战中国——收入分配的思考与讨论》，社会科学文献出版社，2013年版，第251—253页。

2014 年 7 月 25 日，北京大学发布了《中国民生发展报告（2014）》，该报告指出，我国财产不平等程度在迅速升高，2012 年我国家庭净资产的基尼系数达到了 0.73，1% 的家庭占全国超 1/3 的资产，而 25% 的家庭仅拥有约 1%。

这些数据说明了我国收入分配差距比较大，也体现出加快收入分配改革、缩小收入差距的紧迫性，要求我们要立足我国基本国情，正确处理市场与效率、发展与分配的关系，在不断做大蛋糕的同时，要狠抓收入分配制度改革，把蛋糕分好，防止步入"中等收入陷阱"，通过市场机制中的利益机制，充分调动各经济主体的生产积极性。在全面建成小康社会后，不只是我们居民人均收入和 GDP 翻了一番，而且我们的分配制度更公平、更合理，不断扩大中低收入水平居民的数量，构建"两头小、中间大"的稳定型收入分配格局。

三、城乡居民收入情况

目前，反映城乡居民收入水平的最主要指标分别是城镇居民家庭人均可支配收入和农村居民家庭人均纯收入。从表 1—7 中可知，总体来讲，近几年城乡居民收入都有了很大的提高，2012 年城镇和农村居民人均收入分别是 2010 年的 3.91 倍和 3.51 倍。2012 年全国城镇居民家庭人均可支配收入为 24564.7 元，农民家庭人均纯收入为 7916.6 元，城乡居民人均收入比达到了 3.1∶1，城乡居民人均收入比近几年呈下降趋势，但是城乡收入差距依然相当大。城镇居民的收入主要用于消费和储蓄，而农民的纯收入除要用于消费和储蓄以外，还有一部分要用于扩大再生产的支出，如果扣除农民扩大再生产的支出，城乡差距就更大。2012 年农民家庭人均各种支出 8961.85 元，其中家庭经营支出占 2483.01 元，购置生产性固定资产支出 272.61 元，缴纳税费支出 9.96 元，非生活消费支出占到家庭支出总额的 30.9%。

表 1—7　2000—2012 年城乡居民家庭人均收入及恩格尔系数

年份	城镇居民家庭人均可支配收入		农村居民家庭人均纯收入		城镇居民家庭恩格尔系数（%）	农村居民家庭恩格尔系数（%）	城乡居民人均收入比
	绝对数（元）	指数（1978=100）	绝对数（元）	指数（1978=100）			
2000	6280.0	383.7	2253.4	483.4	39.4	49.1	2.79
2001	6859.6	416.3	2366.4	503.7	38.2	47.7	2.9
2002	7702.8	472.1	2475.6	527.9	37.7	46.2	3.11
2003	8472.2	514.6	2622.2	550.6	37.1	45.6	3.23
2004	9421.6	554.2	2936.4	588.0	37.7	47.2	3.21
2005	10493.0	607.4	3254.9	624.5	36.7	45.5	3.22
2006	11759.5	670.7	3587.0	670.7	35.8	43.0	3.28
2007	13785.8	752.5	4140.4	734.4	36.3	43.1	3.33
2008	15780.8	815.7	4760.6	793.2	37.9	43.7	3.31
2009	17174.7	895.4	5153.2	860.6	36.5	41.0	3.33
2010	19109.4	965.2	5919.0	954.4	35.7	41.1	3.23
2011	21809.8	1046.3	6977.3	1063.2	36.3	40.4	3.13
2012	24564.7	1146.7	7916.6	1176.9	36.2	39.3	3.10

数据来源：2013 年中国统计年鉴。

　　恩格尔系数是指食品消费在整个生活消费中的比重，是衡量一个家庭或一个国家富裕程度的主要标准之一。一般来说，在其他条件相同的情况下，恩格尔系数较高，作为家庭来说则表明收入较低，作为国家来说则表明该国较穷。反之，恩格尔系数较低，作为家庭来说则表明收入较高，作为国家来说则表明该国较富裕。2012 年我国城镇居民恩格尔系数为 36.2%，而农村为 39.3%，农村比城市高出近 3.1 个百分点，从表 1—6 中可以反映出城乡之间的生活水平依然差距较大。

　　城乡收入差距最终反映的是生活水平的差距，而生活水平的差距主要由消费水平反映出来，如表 1—8 所示。2012 年城镇居民的人均消费水平为 16674 元，而农民人均消费水平只有 5908 元。城镇居民人均消费水平是农民人均消费水平的 2.82 倍，农民的消费水平与城镇居民相比相差 9 年左右。

表 1—8　城乡居民人均现金消费支出比较

指标	1990	2000	2010	2011	2012
城镇居民人均现金消费支出	1279	4998	13471	15161	16674
农村居民人均消费支出	585	1670	4382	5221	5908

　　数据来源：2013 年中国统计年鉴。

四、行业收入情况

行业之间的收入差距也是个老问题。根据最新的统计数据可知，和 2003 年相比，从行业就业人员平均工资这个角度来分析，2012 年金融业收入增幅最高，达到 432%，批发零售业次之达到 425%，居民服务、修理和其他服务业最低，仅为277%，信息技术行业增幅较低是因为 2003 年基数比较高，当年已经达到了 30897 元，位居 2003 年各个行业之首。其他行业增幅在 300%—400% 之间。

2011 年最高收入行业与最低收入行业的收入比为 4.17∶1，2012 年下降为 3.96∶1。2003 年收入最高的三个行业是信息传输、软件和信息技术服务业、金融业和科学研究与技术服务业；2012 年变为金融业、信息传输、软件和信息技术服务业及科学研究与技术服务业。2012 年最低的三个行业变为农林牧渔业、住宿和餐饮业和水利、环境和公共设施管理业。从表1—9 中可以看到，2008 年金融危机后，由于宏观经济政策的刺激，金融行业收入超过信息技术行业，成为平均工资最高行业。从 1990—2002 年所统计的数据中，电力、煤气及水的生产和供应业职工平均工资一直处于各行业最高水平，而农、林、牧、渔业自 2003 年以来一直处于行业平均工资最低的位置（表1—10），该行业的发展是三农问题的核心问题，是农村居民持续增收的关键，是扩大农村消费需求和提高农民生活水平的基础。所以我们要通过经济体制改革和收入分配制度改革缩小行业间过大的收入差距，提高农村农民收入和消费水平。

表 1—9　2003—2013 年平均工资前三位行业

2003	信息传输、软件和信息技术服务业	金融业	科学研究与技术服务业
2004	信息传输、软件和信息技术服务业	金融业	科学研究与技术服务业
2005	信息传输、软件和信息技术服务业	金融业	科学研究与技术服务业
2006	信息传输、软件和信息技术服务业	金融业	科学研究与技术服务业
2007	信息传输、软件和信息技术服务业	金融业	科学研究与技术服务业
2008	信息传输、软件和信息技术服务业	金融业	科学研究与技术服务业
2009	金融业	信息传输、软件和信息技术服务业	科学研究与技术服务业
2010	金融业	信息传输、软件和信息技术服务业	科学研究与技术服务业
2011	金融业	信息传输、软件和信息技术服务业	科学研究与技术服务业
2012	金融业	信息传输、软件和信息技术服务业	科学研究与技术服务业
2013	金融业	信息传输、软件和信息技术服务业	科学研究与技术服务业

资料来源：2003—2014 中国统计年鉴

表1—10　2003—2013年平均工资后三位行业

年份	行业			最高与最低平均工资比
2003	批发和零售业	住宿和餐饮业	农、林、牧、渔业	4.49
2004	建筑业	住宿和餐饮业	农、林、牧、渔业	4.46
2005	住宿和餐饮业	建筑业	农、林、牧、渔业	4.73
2006	住宿和餐饮业	水利、环境和公共设施管理业	农、林、牧、渔业	4.69
2007	住宿和餐饮业	水利、环境和公共设施管理业	农、林、牧、渔业	4.4
2008	住宿和餐饮业	水利、环境和公共设施管理业	农、林、牧、渔业	4.37
2009	住宿和餐饮业	水利、环境和公共设施管理业	农、林、牧、渔业	4.21
2010	住宿和餐饮业	水利、环境和公共设施管理业	农、林、牧、渔业	4.2
2011	住宿和餐饮业	水利、环境和公共设施管理业	农、林、牧、渔业	4.17
2012	住宿和餐饮业	水利、环境和公共设施管理业	农、林、牧、渔业	3.96
2013	住宿和餐饮业	水利、环境和公共设施管理业	农、林、牧、渔业	3.86

资料来源：2003—2014年中国统计年鉴

行业收入分配这种格局出现的主要原因是：第一，垄断经济造成了行业之间收入分配差距拉大，如电力、电信、烟草、金融、保险、民航、铁路等行业。这些垄断性经营行业在市场经济发展的过程中，不断利用自身的垄断地位获得超额利润，并以不同的形式在组织内部进行利益分配，职工在平均货币收入之外还有大量的实物分配，职工收入有了大幅度的提高，远高于其他行业。而一些充分竞争性行业，如社会服务业、餐饮业和建筑业等，由于市场竞争充分，行业内部实现了平均利润，造成从业人员收入比较低。第二是行业间的收入分配开始向科学技术含量高的行业和新兴产业倾斜。高新技术的发展，特别是信息化互联网时代的到来，使一些传统行业、劳动密集型行业和竞争较充分行业的收入相对下降，科技含量高的行业、新兴产业的职工工资水平增长较快。如从 1990 年—2002 年所统计的数据中，电力、煤气及水的生产和供应业职工平均工资一直处于各行业最高水平，而到 2003 年信息传输、软件和信息技术服务业、金融业和科学研究与技术服务业位居平均工资最高前三行业，且三个行业直到 2012 年一直保持在前三位置。脑力劳动者、技术密集领域的劳动者、资本密集型产业的劳动者的收入正在不断得到提高。

五、地区收入情况

地区之间的居民收入差距仍在拉大。在城市，以 2012 年城镇居民人均可支配收入最高的上海、北京和最低的甘肃、青海进行比较。从 1999 年—2012 年，上海、北京、甘肃、青海四地区的城镇居民人均可支配收入增加的幅度分别为 3.97 倍、3.68 倍、3.83 倍、3.73 倍，虽然量上差别比较大但是增加幅度差别不大。1999 年全国城镇居民人均收入最高的是上海，为 10931.64 元，是最低山西 4342.61 元的 2.52 倍，2000 年这一比值为 2.48，2003 年是 2.28，2005 年为 2.31，2006 年为 2.34，2012 年这一比值又升高到 2.48 倍，说明了近些年来地区收入差距在 2005 年之后又逐步扩大了。

表 1—11　2012 年分地区城镇居民平均每人全年可支配收入情况

地　区	可支配收入	地　区	可支配收入	地　区	可支配收入	地　区	可支配收入
全　国	24564.72						
北　京	36468.75	上　海	40188.34	广　东	30226.71	湖　南	21318.76
天　津	29626.41	江　苏	29676.97	广　西	21242.80	湖　北	20839.59
河　北	20543.44	浙　江	34550.30	海　南	20917.71	陕　西	20733.88
山　西	20411.71	安　徽	21024.21	重　庆	22968.14	甘　肃	17156.89
内蒙古	23150.26	福　建	28055.24	四　川	20306.99	青　海	17566.28
辽　宁	23222.67	江　西	19860.36	贵　州	18700.51	宁　夏	19831.41
吉　林	20208.04	山　东	25755.19	云　南	21074.50	新　疆	17920.68
黑龙江	17759.75	河　南	20442.62	西　藏	18028.32		

数据来源：2013 年中国统计年鉴

在农村，2012 年农村居民家庭人均纯收入最高的地区上

海为 17803.68 元，而最低省份甘肃为 4506.66 元，相差达到了
13297.01 元，相差近 4 倍，可以看出农村居民在全国各地区收
入差距十分明显，见表 1—12。

表 1—12 2012 年分地区按来源分农村居民家庭人均纯收入

地 区	纯收入	地 区	纯收入	地 区	纯收入	地 区	纯收入
全 国	7916.58						
北 京	16475.74	上 海	17803.68	湖 北	7851.71	云 南	5416.54
天 津	14025.54	江 苏	12201.95	湖 南	7440.17	西 藏	5719.38
河 北	8081.39	浙 江	14551.92	广 东	10542.84	陕 西	5762.52
山 西	6356.63	安 徽	7160.46	广 西	6007.55	甘 肃	4506.66
内蒙古	7611.31	福 建	9967.17	海 南	7408.00	青 海	5364.38
辽 宁	9383.72	江 西	7829.43	重 庆	7383.27	宁 夏	6180.32
吉 林	8598.17	山 东	9446.54	四 川	7001.43	新 疆	6393.68
黑龙江	8603.85	河 南	7524.94	贵 州	4753.00		

数据来源：2013 年中国统计年鉴。

如果进行三大地区差距比较，城镇居民家庭平均每人全部
年收入东部地区为 32713.51 元、中部地区为 22451.05 元、西
部地区为 22475.10 元、东北地区为 22816.19 元。中西部平均
每人年收入相当，东部地区为中西部的 1.46 倍。

在 2012 年城镇私营单位就业人员平均工资的统计数据中，
东部 13 个省、区、市中有 8 个居全国前 10 位，其中北京和天

津分别为 42882 元和 35309 元,高出全国平均水平 49.1%和22.8%。西部 12 个省、区、市中有 3 个高于全国水平,其中重庆 31035 元、内蒙古 29761 元,分别位列全国第 7 位和第 8 位。中部 6 省全部低于全国平均水平,其中排序位次最前的安徽省,就业人员平均工资为 27601 元,比全国平均水平还低 1151 元。东北三省城镇私营单位就业人员平均工资排名靠后,黑龙江最低,排到 27 位。在排名后十位中均为中西部省份,凸显出了东中西部平均工资的差距。

从不同区域的角度来分析农村居民收入时,我们发现,由于近年来国家对中西部地区建设的支持力度加大,西部大开发和振兴东北老工业基地战略的持续推进以及前期投入后生产力的释放,促进了中西部和东北部地区经济的稳定发展,也增加了该区域内农村居民收入,见表 1—13。

表 1—13 2005—2012 年各区域农村居民平均每人纯收入

年份	东部地区	中部地区	西部地区	东北地区
2005	4720.28	2956.60	2378.91	3378.98
2006	5188.23	3283.16	2588.37	3744.88
2007	5854.98	3844.37	3028.38	4348.27
2008	6598.24	4453.38	3517.75	5101.18
2009	7155.53	4792.75	3816.47	5456.59
2010	8142.81	5509.62	4417.94	6434.50
2011	9585.04	6529.93	5246.75	7790.64
2012	10817.48	7435.24	6026.61	8846.49

数据来源:2005—2012 年中国统计年鉴。

2005 年—2012 年，农村居民平均每人纯收入增长中，东中西及东北部地区分别增长 129%、151%、153% 和 162%，中西部和东北部地区比东部地区农村居民收入的增长速度分别快 22、24 和 33 个百分点。

六、城镇内部收入情况

（一）高低收入分组状况

根据国家统计局的分类，不同收入群体可分为：最低收入户、较低收入户、中等偏下收入户、中等收入户、中等偏上户、较高收入户和最高收入户七个等级。

2012 年，最低收入户每人年平均总收入 9209.49 元，其中占 5% 的困难户年收入为 7520.86 元；较低收入户年平均收入为 13724.72 元；中等偏下收入户年平均收入为 18374.80 元；中等收入户为 24531.41 元；中等偏上收入户为 32758.8 元；较高收入户为 43471.04 元；最高收入户为 69877.34 元，最高与最低收入差距为 9.3 倍。从各收入群体总量看，2012 年 10% 的城镇最高收入户占当年城镇居民总收入的 31.8%，20% 的城镇高收入户收入占 51.6%；20% 的低收入户的收入占 13.9%，10% 的最低收入户占 4%。城市居民金融资产也出现了向高收入家庭集中的趋势。我们目前不同收入群体的分布呈现"中、底部大，上头小"的形状，基本反映了市场机制作用的结果。

以 2012 年的数据与 2004 年作比较，城镇内部各阶层之间收入差距的扩大速度有放缓趋势，高收入户增加154%，最低收入户和较低收入户分别增加199%、197%，高收入户的收入增长小于低收入户的增长速度。但是，在一些发达地区，高收入群体和低收入群体的差距问题比较突出。

（二）低收入群体状况

目前城镇低收入群体主要包括：下岗职工，失业人员，早退休或内定退休人员，停产或半停产企业职工，因疾病、年老等领取最低生活保障者等。低收入群体状况令人担忧，随着市场化改革的不断深化，收入分配制度也发生了根本性变革，从追求"平均主义"转而以市场效率优先兼顾公平的原则，完全按劳分配的做法已被多种生产要素按照贡献共同参与收入分配所取代。在这种分配方式下，生产要素的占有量直接影响到收入水平，低收入群体要素资源占有少、自身文化素质和专业技能差，在市场中无竞争力且缺乏提高收入的能力。改善低收入群体生活状况主要靠政府的调节手段和社会保障支持，如果最低生活保障没有及时跟上，对这部分群体教育、医疗等基本公共服务的缺位，则会产生恶性循环，直接影响到社会稳定和下一代的生活水平。当前大多数地区都已制定了最低生活保障线和最低工资标准，但是由于多种原因所导致的保障力不够或者得不到实施，使得收入分配差距不断扩大。

七、农村内部收入情况

从农村恩格尔系数看，2000 年为 49.1，2010 年为 41.1，2011 年为 40.4，2012 年为 39.3，反映出了农村内生活水平在不断提高。从反映全国农村居民收入差距的基尼系数看，虽然农村居民收入差距系数从动态趋势看逐步扩大，但收入差距仍处于合理区间，2011 年我国农村居民的基尼系数为 0.3897，尚在收入分配差距的"警戒线" 0.4 之下。

从按调查农户户数 5 等分分组的农村居民人均消费总支出看，近年来，不同组农户消费水平均有提高，其中高低收入组农村居民之间生活消费的动态差距在缩小。2004 年，低收入组为 1248.3 元，到 2012 年提高到 3742.3 元，增长 2494 元，这期间，中等收入组农户人均生活消费支出由 1951.5 元提高到 5430.3 元，增长 3478.8 元，高收入组农户人均生活消费支出由 4129.1 元提高到 10275.3 元，增长 6146.2 元。从以上数据中可以发现，2000 年高收入组、中等收入组与低收入组的消费比为 3.31：2.11：1，到 2012 年消费比为 2.75：1.45：1。但从增幅角度看，农村内部高收入组在基数比较大的情况下，消费总支出有了大幅度的增长，高收入组消费支出增长额是低收入组的 2.5 倍。

第三节　深化收入分配制度改革的要求与目标

深化收入分配制度改革在十二五规划、十八大报告以及十八届三中全会关于全面深化改革若干重大问题中均有重要阐述。2013 年 2 月 15 日国务院发布的《关于深化收入分配制度改革的若干意见》，对收入分配制度改革的要求与目标作出了详细说明。

一、深化收入分配制度改革的要求

全面贯彻落实党的十八大精神，以邓小平理论、"三个代表"重要思想、科学发展观为指导，立足基本国情，坚持以经济建设为中心，在发展中调整收入分配结构，着力创造公开公平公正的体制环境，坚持按劳分配为主体、多种分配方式并存，坚持初次分配和再分配调节并重，继续完善劳动、资本、技术、管理等要素按贡献参与分配的初次分配机制，加快健全以税收、社会保障、转移支付为主要手段的再分配调节机制，以增加城乡居民收入、缩小收入分配差距、规范收入分配秩序为重点，努力实现居民收入增长和经济发展同步，劳动报酬增长和劳动生产率提高同步，逐步形成合理有序的收入分配格局，促进经济持续健康发展和社会和谐稳定。

二、深化收入分配制度改革的目标

1. 城乡居民收入实现倍增。到 2020 年实现城乡居民人均实际收入比 2010 年翻一番，力争中低收入者收入增长更快一些，人民生活水平全面提高。

2. 收入分配差距逐步缩小。城乡、区域和居民之间收入差距较大的问题得到有效缓解，扶贫对象大幅减少，中等收入群体持续扩大，"橄榄型"分配结构逐步形成。

3. 收入分配秩序明显改善。合法收入得到有力保护，过高收入得到合理调节，隐性收入得到有效规范，非法收入予以坚决取缔。

4. 收入分配格局趋于合理。居民收入在国民收入分配中的比重、劳动报酬在初次分配中的比重逐步提高，社会保障和就业等民生支出占财政支出比重明显提升。

在十八届三中全会通过的《中共中央关于全面深化改革若干重大问题的决定》中又对收入分配目标进行了论述：首先要形成合理有序的收入分配格局。着重保护劳动所得，努力实现劳动报酬增长和劳动生产率提高同步，提高劳动报酬在初次分配中的比重。健全工资决定和正常增长机制，完善最低工资和工资支付保障制度，完善企业工资集体协商制度。改革机关事业单位工资和津贴补贴制度，完善艰苦边远地区津贴增长机制。健全资本、知识、技术、管理等由要素市场决定的报酬机制。扩展投资和租赁服务等途径，优化上市公司投资者回报机制，保护投资者尤其是中小投资者合法权益，多渠道增加居民财产性收入。其次要完善以税收、社会保障、转移支付为主要手段的再分配调节机制，加大税收调节力度。建立公共资源出让收益合理共享机制。完善慈善捐助减免税制度，支持慈善事业发挥扶贫济困积极作用。最后要规范收入分配秩序，完善收入分配调控体制机制和政策体系，建立个人收入和财产信息系统，保护合法收入，调节过高收入，清理规范隐性收入，取缔非法收入，增加低收入者收入，扩大中等收入者比重，努力缩小城乡、区域、行业收入分配差距，逐步形成橄榄型分配格局。

第二章

增加居民收入　实现公平发展

居民收入与消费需求增加有直接的线性关系。然而在新的经济形势下，依靠传统的发展方式难以实现居民收入持续增加，必须要依靠创新驱动发展战略，更多依赖内生技术进步、技术创新和制度创新来实现，在经济效益增加的同时使居民收入持续增加，从而提高居民消费能力和释放潜在消费需求，为经济发展注入持久动力。

第一节　扩大内需是我国经济社会发展的战略基点

从支出角度来看，GDP 是由投资、消费、净出口这三种最终需求组成，经济学上常把投资、消费、出口比喻为拉动 GDP 增长的"三驾马车"，这是对经济增长原理比较生动形象的表述。其中，投资和消费构成内需。

一、内需与外需的关系

对于一个国家或地区的经济发展而言，内需与外需相互补充，相互促进，共同构成经济发展的市场空间。

（一）内需与外需：相互影响、相互促进、辩证统一

不存在绝对的、最佳的内需和外需的比例关系。内需与外需所占比重取决于一个国家的资源禀赋、比较优势和参与国际分工的程度。一方面，内需的快速增长可以为扩大外需奠定坚实的基础。国内市场的扩大，可以增强产业竞争力，提高产业配套能力，为进一步扩大出口创造条件。另一方面，外需可以直接带动国内消费、投资和政府开支的增加。出口可以直接带动就业，提高居民收入，拉动国内消费；外需扩大形成的规模经济和产业集聚效应，有利于降低中高档消费品价格，促进国内消费结构升级；制成品出口增加形成的技术外溢效应，可以带动国内技术进步和产业升级。

（二）扩大内需的同时，稳定外需

扩大内需是我国经济发展方式转变的路径之一及最终目标之一。同时，稳定外需一直是隐含在稳定内需背后的逻辑起点，只有外需稳定才能为经济转型、扩大内需提供资金支持。我国处在人均收入水平偏低、需要资本积累的阶段，获益于世界市场的消费，同时也贡献给了世界诸多性价比颇高的商品。各国经验表明，经济发展方式转变，需要有稳定而强大内需市

场，同样需要稳定而强大的外需市场。外贸依存度的回落与变化，正是我国经济发展方式转变过程中，国际、国内变化的共同结果。保持扩大内需与稳定外需之间的协调，有利于我国经济长期平稳较快发展。

扩大内需是我国近年来宏观政策的基点，但强调扩大内需，并不是要压缩外需，否定出口。相反，要在调整进出口结构的基础上，积极利用国际、国内两种资源，开拓国际市场，不断提高我国经济发展的整体竞争力。稳外需与扩内需同等重要。近年来，我国进出口外贸依存度保持在 50% 左右。这一方面表明，作为世界第二大经济体，进出口贸易在我国经济活动中的地位举足轻重；另一方面也应看到，从 2006 年起，我国进出口外贸依存度达到 67% 的高点以后，该指标一直处于缓慢回落之中，我国对外贸易活动与经济转型、内外需结构调整并行而动，相互呼应。在出口导向战略的指导下，我国与世界各国和地区的经贸往来日益频繁，对外贸易迅速发展，成为经济增长的发动机。由于我国主要以劳动密集和资源密集的比较优势参与国际分工，处于国际分工的中低端环节，加上国家金融危机的影响，贸易条件不断恶化，竞争优势不断减弱，陷入"比较优势陷阱"。因此调整外贸发展战略是我国进一步扩大外需的关键所在。

二、扩大内需是我国经济社会发展的战略基点

扩大内需是我国经济社会发展的战略基点，这是顺应国内、国外形势，实现我国经济社会平稳可持续发展所要求的。

（一）扩大内需是有效应对国际金融危机的根本举措

2008 年国际金融危机后，外需大幅下降造成沿海地区出口型企业大量关闭，工人失业、农民工返乡问题凸显，影响了国内经济的稳定发展。外需变化我们难以左右，今后我国经济的发展，要更加立足于国内需求，要更加突出结构调整，要更加依靠改革创新，要更加重视改善民生，这是我们前进的方向。

过去几年中，面对国际金融危机冲击，我们主要依靠扩大内需，实现了经济回升向好。当前，国际金融危机的深层次影响继续显现。美债危机尚未化解，欧债危机还在扩散和演变，严重影响世界经济的复苏，需求疲软正从发达国家向新兴市场国家蔓延。加上外有贸易保护主义抬头、内有劳动力成本上升和人民币升值，我国出口形势不容乐观，出口增长出现明显回落态势。进一步看，世界经济有可能进入长期性衰退，世界范围内总需求不足将成为一个中长期现象，我国外贸出口增速放缓已不是短期波动，而是趋势性变化，必然会减弱我国经济增长的动力。在这种情况下，为保持经济平稳较快发展，更需要发挥内需对经济增长的拉动作用。外需不足内需补，面对严峻形势，只有把扩大内需作为稳增长的立足点，使经济增长建立

在稳固的内需基础上，才能为发展提供强劲动力和持久活力，才能提高我们的竞争力和抗风险能力。

（二）扩大内需是加快转变经济发展方式的基本要求和首要任务

调整和转变需求结构是调整经济结构与转变经济发展方式的重要内容。经济社会发展的根本目的是满足人民日益增长的物质文化需要，调整经济结构最重要的是扩大内需，让人民群众共享改革开放的丰硕成果。扩大内需特别是消费需求，要求我们调整收入分配格局，提高居民收入水平，缩小收入分配差距，完善社会保障制度和发展社会事业，增强居民消费能力和改善居民消费预期。这与保障改善民生、让人民群众共享改革发展成果的根本要求，具有高度的内在一致性。实施扩大内需战略，有利于把发展经济与保障改善民生有机结合起来，加快经济发展方式的转变，推动经济社会协调发展。

（三）扩大内需是保持经济长期平稳较快发展的必由之路

扩大内需是推动我国经济平稳较快发展的迫切要求和根本保证。我国人口众多、国土辽阔，是世界上最大的发展中国家，正处于发展的重要战略机遇期，市场空间大，回旋余地大，内需潜力大，对经济发展具有持久的拉动作用。

近年来，我国经济增长的内需与外需、投资与消费之间存在失衡，这带来两个严重后果：一是经济增长过多依赖资本形成，在产能过剩的同时，重复建设、盲目建设得不到控制，容易引发经济波动；二是强化了经济发展的对外依赖性，加剧了国内能源资源和环境约束的紧张形势，强化了国际分工中的低端锁定。这种发展模式难以为继。因此，必须坚定不移地实施扩大内需战略，总结经验做法，针对现实问题，建立健全扩大内需的长效机制，牢牢掌握发展的主动权。

我国是大国，具有大国的规模经济特征。13.6 亿人口形成了世界上最大的消费群体。如果每人每天增加 1 元消费，一年就可以增加 5000 亿元的消费规模。近几年来中国城乡收入的较大幅度增长充分证明了其对经济发展的拉动作用具有巨大的规模经济特征。我国消费结构是多层次的，对各种商品和服务均具有巨大的消费潜力。从人口的年龄结构看，每一个年龄阶段都能形成一个庞大的消费群体；从人口的区域结构来看，中国的国土面积广大，不同区域的人口有着不同的消费特点；从民族特点来看，中国有 56 个民族，不同民族形成了消费的差异；从人们的收入水平来看，中国形成了高收入群体、中等收入群体和低收入群体，各有其消费特点。中国正处于工业化、信息化和城镇化加速发展的历史时期，更多的农村人口将转化为城镇人口，必然创造出巨大的消费需求。我国城乡居民收入水平较低，因而其平均消费倾向和边际消费倾向都比较高，增加收入会更多地转化为消费，消费增长空间大，决定了我国的消费需求在相当长的时间内将保持快速增长的势头。消费规模的巨大决定了消费一旦启动，对经济社会发展将起到显著拉动作用。

（四）扩大内需是防止我国陷入"中等收入陷阱"的必然选择

从国际经验看，一国在人均 GDP 超过 4000 美元的阶段，如果不及时转型，继续延用过去的经济发展方式，容易积累矛盾，陷入"中等收入陷阱"。所谓的"中等收入陷阱"是指当一个国家的人均收入达到中等水平后，由于不能顺利实现经济发展方式的转变，导致经济增长动力不足，最终出现经济停滞的一种状态。[①]

跨越"中等收入陷阱"的一个关键是要处理好收入分配关系。对于"中等收入陷阱"可以从不同角度解释，但从经济学角度看，收入差距过大，中等收入阶层过小，从而以消费为主的内需不足是主要问题。"中等收入陷阱"带来的挑战主要是：如果收入差距过大，居民消费能力有限，内需不足。若想加快发展，必须依靠外需。而外需一旦变化，则必然出现经济困难，20 世纪 90 年代拉丁美洲的债务危机就是例证。解决途径则在于：提高居民收入，扩大居民消费能力，从而扩大国内市场，使经济发展不完全依赖于投资和外需，从而实现可持续发展。

[①]　2006 年，世界银行《东亚经济发展报告》提出了"中等收入陷阱"的概念。报告称，"所有在跨越低收入陷阱管用的政策和发展战略，到了中等收入阶段基本上都不管用了，必须有新的发展战略，新的手段来跨越，因此中等收入阶段形成了一个独特的发展阶段"。

三、调整投资结构的同时，重视消费需求

一般而言，在一国经济起飞阶段，经济增长主要依靠投资拉动。如日本在经济起飞阶段的投资率大体在 30%—35% 之间，韩国基本在 37% 以内。当经济达到中等收入水平后，一是要加快经济增长由投资主导向消费主导转变，形成新的经济增长动力；二是需要提升消费层次，形成发展型的消费结构，使之成为支撑经济增长的主要动力。从总体上看，高收入国家已经形成了消费主导的经济增长模式。如英美日韩等国家的居民消费率普遍较高，介于 50%—70% 之间。这些国家或地区在从中等收入向高收入迈进的过程中，把扩大内需作为经济持续增长的突破口，在这个过程中，伴随着消费率的上升和投资率的下降。

（一）在未来较长时间内，投资仍然是我国经济增长的主要力量

与我国经济总量的迅速增长相对应的是，我国的投资率长期保持在 30%—40% 之间，投资率最低的年份出现在 1982 年，也达到了 31.9%，投资率的长期平均值则达到了 37.9%，最高的年份出现在 2011 年，达到了 48.6%。2014 年作为"十二五"规划的第四年，在重大规划项目建设的带动下，投资需求比较旺盛，投资仍将保持较快增长。

在西方发达国家中，美国的投资率通常稳定在 18% 左

右，澳大利亚的投资率则大约在 20%，加拿大的投资率大约在 20%，德国的投资率大约在 23%。这充分说明我国的经济与资本积累的关系十分的密切。值得注意的是，日本战后在经济起飞的过程中的投资率也达到了超过 30% 的水平，同样我国台湾省的经济在其起飞的关键阶段的 1970 年—1980 年也一度高达近 38%。

在工业化和城镇化加快推进的过程中，投资率会不断提高，并随着工业化和城镇化任务的逐步完成而下降，消费率的变化也正好相反。国际经验表明，投资率的峰值一般出现在重化工业阶段的末期。我国总体正处于工业化中后期，部分地区仍处于工业化初期，2013 年城镇化率也只有 53.73%。因此，在未来一段时间内，投资仍然是扩大内需重要力量。

（二）投资增速将放缓，投资结构需要调整

2008 年国际金融危机的爆发，出口遭受重创。为此，政府出台 4 万亿元经济刺激计划，以政府主导的投资增长使得我国经济平稳度过非常时期，较快走出了危机阴影。然而，作为非常时期的非常手段，这种巨额的投资拉动很难持续。事实上，从 2010 开始，整个社会投资增速已开始回落。2011 年以来，随着货币政策从积极转向稳健，各地节能减排约束压力加大，许多新建项目受到严格控制，再加上房地产市场调控力度加大，投资增速放缓趋势将进一步持续。

伴随投资增速放缓是转变经济发展方式所要求的投资结构

调整。我国今后要在优化投资结构基础上，保持投资的合理增长，应把增投资与扩消费、调结构、惠民生更好结合起来，把发挥政府投资的引导作用与调动民间投资积极性更好结合起来。

（三）内需不足的突出表现：消费需求不足

消费需求作为最基本、最不可替代的需求，在很大程度上决定了一国经济的增长速度。我国的消费潜力非常大。中央提出"稳中求进"，最可靠的途径是增加消费，因为消费增长有别于投资的最大优点是平稳。投资可能大起大落，消费真正激发起来的话，就能保持国民经济长期平稳增长。讲扩大内需，主要是扩大消费，其中的重中之重是扩大居民消费。从我国过去 30 多年的经济发展情况来看，投资和出口对我国经济增长取得了很重要的作用。但是如果今后我国经济要走相对平衡、相对协调、可持续的发展之路的话，那就必须扩大消费需求。

我国消费需求不足具体表现为两个方面：一是居民消费需求不足，二是政府用于民生的公共服务支出不足。从世界各国的数据看，居民消费率的世界平均水平一般为 60% 左右。其中，高收入国家为 60%—65%，中等收入国家约为 55%—60%，低收入国家一般高于 65%。2012 年我国居民消费率仅为 34.9%，明显低于世界平均水平，也低于中等收入国家水平。国际经验表明，随着一国发展水平的提升，政府公共服务支出在政府支出中的比重呈现逐步上升趋势。特别是人均 GDP

在 3000 美元—10000 美元阶段，随着居民消费逐步由耐用品消费向服务消费升级，公共服务在政府支出中的比重将显著提升。目前，我国人均 GDP 已达到 6767 美元左右，政府消费率在 14% 左右，大体与处于相同发展阶段的国家的水平相当，比世界平均水平大约低 2—3%。但公共服务消费比重明显偏低，例如 2010 年我国社会保障支出只占 GDP 的 2.28%，远低于 OECD 各国。

第二节　增加居民收入是扩大消费需求的前提

增加居民收入是研究消费需求问题的根本，一方面居民总体收入的增加可以提高居民消费能力，另一方面增加居民收入，缩小收入分配差距，提高社会平均消费倾向，扩大社会总消费需求。

一、扩大消费需求的两个抓手：政府消费与居民消费

（一）政府消费是国民消费不可或缺的重要组成部分

社会最终消费由居民消费与政府消费两者构成，扩大居民消费和扩大政府消费都能够提升国民消费率。扩大内需，主要是扩大消费，其中的重中之重是扩大居民消费。但政府消费的作用不能忽视。政府消费既是国民消费不可或缺的重要组成部

分，同时又能带动居民（私人）消费。扩大公共消费可以直接和间接地提升消费率，从而具有化解宏观经济运行中的盾和促进社会事业发展的双重功能。

（二）政府消费对居民消费的影响：挤入效应与挤出效应

目前我国居民消费率与政府消费率皆呈下降趋势。但有一点是可以肯定的，那就是与长期以来对公共服务消费，尤其是对教育、医疗等社会性消费重视不够有密切联系，这不仅直接导致政府消费率下降，也对居民消费产生了"挤出效应"，降低了居民消费率。公共服务消费对居民消费具有"挤入效应"和"挤出效应"。在一些领域，公共服务消费和居民消费具有此消彼长的替代关系。也就是说，如果政府的公共消费上升了，居民部门将大量替换出用于教育、医疗等方面的开支，并将其转化为其他方面的消费，居民的消费由此扩张，产生消费的"挤入效应"；如果政府的社会性公共消费不足，那么对居民来说，他们将在教育、医疗等方面花费更多，其他方面的消费自然就会被迫减少，表现为对居民消费的"挤出效应"。当前，由于公共消费不足而导致对居民消费产生"挤出效应"已经是一个客观事实。因此，经济越发展，越要重视保障和改善民生。加快健全覆盖城乡居民的社会保障体系，进一步扩大保障性住房的建设规模，推动医疗卫生事业改革发展。要着力优化财政支出结构，增加"三农"、民生等重点支出，压缩一般性支出。

二、增加居民收入与扩大消费需求

在市场经济条件下，居民消费需求是指居民通过市场能够购买到的商品和服务以满足自身生存和发展需要的一种能力，是能够实现或实现了的消费需要。这种消费需求与居民当前收入、预期收入、消费倾向以及价格等因素密切相关。

随着经济持续快速发展，我国居民收入水平在不断提高。城乡居民的收入增长速度有所加快，但由于股市低迷，导致居民财产性收入减少，影响了居民消费，出现了"财富负效应"。

（一）居民收入与消费需求的一般关系

消费与居民收入之间存在着一种明显的正相关关系，即随着收入的增加，消费相应增加，反之，收入减少使消费相应减少。农村居民的边际消费倾向高于城镇居民的边际消费倾向，表明收入水平相对较低的农民将当期增加收入的更大比例用于消费支出。城乡居民消费也对持久性收入的敏感性较强，持久性收入对城乡居民消费的弹性系数高于暂时性收入对居民消费的弹性系数。持久收入与暂时收入相比，城乡居民的当期消费主要取决于持久收入的变化。

因此，为了增加居民消费需求，使消费成为经济发展的主要动力，必须不断地增加居民总体收入，提高劳动报酬在初次分配中的比重，让居民收入在政府、企业、居民三者中所占的比例逐步上升。

（二）经济预期欠佳，消费行为谨慎

目前我国收入持续增长的稳定机制没有完全形成，城乡居民收入不确定性因素依然存在。人们担心经济形势低迷会导致日后收入减少，甚至可能失业，因此不敢消费。目前虽然我国国民经济保持着较高的增长速度，但仍存在诸多不确定因素，影响其稳定发展。对未来经济发展的不乐观使消费者的消费行为变得谨慎，消费倾向降低。

（三）后顾之忧，有钱不敢花

主要是指由于社会保障制度和社会福利制度的不健全而产生的对即期消费的影响。与发达国家相比，目前我国尤其是广大农村地区，社会保障水平整体还比较低，覆盖面较窄，社会保障制度不完善是制约我国居民消费的一个重要原因。建立健全社会保障制度，提高社会保障水平，为我国居民提供稳定的安全预期，才能使居民敢于消费、放心消费。目前居民平均消费倾向不高，存在持币观望、普遍减少或推迟当前消费支出等情况，尤其是不动产投资更加谨慎，银行存款也相应出现定期化趋向。

（四）供求矛盾，有钱没处花

市场是否提供了可供消费的产品和服务。这主要体现为消费需求与供给之间的匹配关系。社会保障水平在提高，人们解决了后顾之忧之后，消费意愿随之提高。但与之相关的服务业的层次和水平仍有待提高，远远满足不了人们的实际需求。比如中央经济工作会议中提到的"文化、旅游、健身、养老、家政等消费",这些领域中的服务业应当加快发展;老龄人口对老龄产品和服务有很强的需求,但是目前供给不足,有钱也难以消费。

(五)消费环境欠佳,居民消费不放心

一是当前我国市场秩序仍不够规范。商务活动中存在大量信用缺失现象,严重影响了经济健康发展和社会安定和谐。如恶意拖欠贷款、货款,随意毁约加大了市场交易风险;制假售假,虚假促销侵害消费者合法权益;各种商业欺诈造成巨额经济损失;侵犯知识产权破坏诚信形象。二是我国的商业信用不发达。信用服务体系不完善,商业信用产品和信用工具比较少,应用也不普遍。这种现状不仅增加了交易风险,也制约着内需和消费扩大,使消费者的潜在需求难以变为现实。三是消费基础设施不健全。尤其是在农村,消费现代化产品的基础设施的严重缺失制约了消费需求的进一步扩大。

(六)公共服务消费不足,居民消费受挤压

住房、医疗、教育支出成为目前城乡居民的主要负担,这些支出在很大程度上挤压了居民的其他消费需求。面对高额的房价,囿于收入水平的限制,大部分居民只能以向银行贷款的方式实现对住房的需求。因此,每月需要偿还的高额贷款本金和利息必将在很大程度上挤压即期消费和未来消费。在这种情况下,居民消费在更大程度上的扩张将面临较大压力。

三、缩小收入差距，扩大消费需求

我国的收入差距主要表现在三个方面：城乡居民收入差距过大、不同地区居民收入差距过大、高收入群体与低收入群体之间收入差距过大。2012 年我国的基尼系数为 0.474，基尼系数的安全警戒线为 0.4，而发达国家的基尼系数一般在 0.24 ~ 0.36 之间，这说明我国的财富分配相当不均。

（一）不同收入阶层具有不同的消费倾向

一般来说，高收入阶层的消费倾向低，储蓄倾向高；而中低收入阶层的消费倾向较高。由于我国存在较大的收入分配差距，高收入阶层所占人口比重很小，但拥有大量的社会财富，其消费倾向偏低，因此总体消费需求有限。而广大的中低收入阶层占有的社会财富少，虽然消费需求的愿望很强，但由于收入水平较低，消费结构偏低，对大宗消费和高端消费无力承担。随着收入分配差距的扩大，财富不断向少数高收入阶层集中，高收入阶层所占收入的比重会不断增大，中低收入阶层所占收入的比重就会不断下降，造成社会平均消费倾向的下降。收入差距扩大的结果就是社会总消费需求不足。随着居民收入差距扩大，在整个社会收入里面用于储蓄或者投资的比重就会增加，而用于消费的比重就会下降，投资的增加带来的是全社会产能的增加，消费需求增速相对来说会低于产能增加的速度，市场供给量难以被消费需求消化掉，到一定程度后必然会出现消费需求萎靡而产能过剩的情况。生产资本周转周期变长，甚至市场难以实现自动出清，经济发展减速或者停滞，按马克思的理论即出现周期性的经济危机。

（二）中等收入者比重低是制约我国扩大内需战略的重要因素

我国人均 GDP 已超过 6000 美元，人们消费需求的升级明显加快，生活的要求出现多样化，对住宅、汽车、文化教育、医疗卫生、养老保健、环境保护以及生活质量等方面的需求均有明显提高。消费升级带来产业结构升级，产业结构升级又必然要求收入进一步增加，迫切需要全面协调社会和经济的发展，不断提高中等收入者比重，否则就有可能使经济停滞不前。发达国家经验表明，少数富人阶层倾向于购买进口的高档商品；大多数低收入阶层的消费支出主要是用于购买满足生活所必需的低端商品；而中等收入阶层的消费支出则是用于购买本国生产的高端、新型商品，最能推动我国消费结构和产业结构的升级。中等收入群体对住房、汽车、电脑、教育、文化、旅游等消费需求，将会是未来我国经济增长的重要源泉。目前，中等收入者比重的扩大正在推动消费结构升级，对我国经济平稳较快发展的拉动作用不断增强。可以预见，随着中等收入者比重的继续扩大和橄榄形收入分配结构的形成，我国经济增长的内生动力将不断增强。提高中等收入者比重的关键还是要通过收入分配改革，让更多的低收入人群进入中等收入者行列。

（三）缩小收入差距，促进经济社会和谐发展

缩小收入差距意味着低收入群体在经济增长的过程中获得了比高收入群体更多的利益，让低收入群体的收入增长速度不但高于整体经济发展的速度，而且也要高于高收入群体的增长速度，国民收入在分配的过程中向低收入群体倾斜，不断扩大中等收入群体的规模。中低收入群体消费倾向偏高，储蓄和投资倾向偏低，新增收入会很快在市场中转化为对生活必须品的消费，将潜在购买力转化为现实消费需求，从而促进经济社会和谐发展。

第三节　实施创新驱动发展战略，实现居民收入持续增长

2014 年 8 月 18 日，习近平总书记在中央财经领导小组关于研究实施创新驱动发展战略的会议上强调，"创新始终是推动一个国家、一个民族向前发展的重要力量。我国是一个发展中大国，正在大力推进经济发展方式转变和经济结构调整，必须把创新驱动发展战略实施好。实施创新驱动发展战略，就是要推动以科技创新为核心的全面创新，坚持需求导向和产业化方向，坚持企业在创新中的主体地位，发挥市场在资源配置中的决定性作用和社会主义制度优势，增强科技进步对经济增长

的贡献度，形成新的增长动力源泉，推动经济持续健康发展。"只有实施创新驱动发展战略，才能推动经济发展进入高效率和高附加值新阶段，最终增加国民总收入，提高国民福利水平。

一、创新驱动发展是增加居民收入和缩小收入差距的根本支撑点

创新驱动型发展的一个显著特征是高质量，人力资本的重要性更加突出，从而有利于提高居民收入在国民收入分配中的比重和劳动报酬在初次分配中的比重，有利于增进社会和谐和提高居民生活质量。国民收入倍增计划需要以高附加值的产业为支撑。上世纪 50 年代末，日本过度依赖投资拉动的经济发展方式遇到了挑战：人口红利即将消失，个人消费不足，经济发展速度放缓。为了扭转这一局面，上世纪 60 年代，日本实施了国民收入倍增计划。该计划以提高收入为目的，以提高劳动生产率为抓手。为此，日本大力发展科学技术，通过各种措施推动中小企业设备现代化和专业化生产，推进产业结构升级，提高产业附加值，最终扩大了有效需求，扩大了就业，实现了经济发展方式的转型，跃升为全球第二大经济体。日本的经验表明，促进居民收入的增加，不能就收入问题谈收入问题，就收入分配问题研究收入分配，增加收入的前提是经济的健康高质量发展。只有高质量的经济增长，才会有高质量的就业、高额的企业利润、高的财政收入和高工资。

　　反观我国，同样可以发现，要增加居民收入，就必须转变经济发展方式，实施创新驱动发展战略。正如习近平总书记2014年6月9日在中国科学院第十七次院士大会、中国工程院第十二次院士大会上讲到的那样，"改革开放以来，我国经济社会发展取得了举世瞩目的成就，经济总量跃居世界第二，众多主要经济指标名列世界前列。同时，必须清醒地看到，我国经济规模很大、但依然大而不强，我国经济增速很快、但依然快而不优。主要依靠资源等要素投入推动经济增长和规模扩张的粗放型发展方式是不可持续的。现在，世界发达国家和地区人口全部加起来是10亿人左右，而我国有13亿多人，全部进入现代化，那就意味着世界发达国家和地区人口要翻一番多。不能想象我们能够以现有发达国家和地区人口消耗资源的方式来生产和生活，那全球现有资源都给我们也不够用！老路走不通，新路在哪里？就在科技创新上，就在加快从要素驱动、投资规模驱动发展为主向以创新驱动发展为主的转变上"。

　　我国已成为世界第二大经济体和第一制造大国，但我国制造业在国际产业分工中主要处于加工制造的中低端环节，研发、设计、品牌、供应链管理和营销等高附加值环节薄弱。所以，严格意义上讲，我国是生产加工大国，并非制造业大国。制造业的核心并不是加工制造本身，而是以自主核心技术为支撑，以产品研发和设计为龙头，通过全球采购进行集成，从而获取高附加值。按照微笑曲线 ① 来分析，在价值链两端，包括研究开发、采购、产品设计、品牌营销、物流管理、金融等，附加值和利润率高，而处于中段的加工、组装、制造等传统的制造业企业，附加值和利润率低。我们消耗了大量不可再生资源，承受着环境污染压力，背负着"倾销"的恶名，但利润的大头却在别人手里。唯有强化创新驱动才能改变这种状况，实现以自主创新为基础的产业升级，把科技创新与经济发展紧密结合起来，才能为我国经济社会发展提供持续动力源泉。

二、通过创新驱动寻求新的经济增长点，提高劳动生产率以实现收入增长

牢牢把握发展主动权，抢占未来发展先机，最根本的是要依靠科学技术的力量，最关键的是要大幅提高创新能力。根据国际经验，处于中高收入阶段的国家，有可能面临经济增长趋缓、社会矛盾加剧等一系列挑战，有些国家因此而落入"中等收入陷阱"。强化我国经济发展的创新驱动，有利于在发展水平接近技术前沿国家、低成本技术模仿空间缩小的背景下，寻求发展机遇，避免陷入"中等收入陷阱"。

近几年，在应对国际金融危机的过程中，各国尤其是发达

---

① 微笑曲线是宏碁（Acer）集团的创始人施振荣在 1992 年的《再造宏碁——开创、成长与挑战》一文中提出的，用来说明 20 世纪 60 年代以来 IT 产业价值链各环节产值结构的变化。

经济体都对实施国家创新战略更加重视，世界范围内的生产力、生产方式、生活方式、经济社会发展格局都正在发生深刻变革。目前，新技术革命和新产业革命已初现端倪，一些重要科技领域显现出发生革命性突破的先兆，知识创新、技术创新和产业创新深度融合，催生了新一代技术群和新产业增长点，全球将进入一个创新密集和新兴产业快速发展的时代。在新的国际竞争格局中，发达国家及其跨国公司用技术控制市场和资源，形成了对世界市场特别是高新技术市场的高度垄断。

当前我国对外技术依存度在 50% 以上，部分行业甚至更高，而发达国家一般都在 30% 以下，美国和日本则低于 5%。我国的核心技术和关键技术自给率低，占固定资产投资 40% 左右的设备投资中，有 60% 以上要靠进口来满足，高技术含量的关键装备基本上依赖进口。重引进、轻消化吸收再创新，造成我国很多企业始终处于跟跑追赶阶段。近年来，我国制造企业 500 强的研发强度一直徘徊在 2%，远远低于世界 500 强 3%—5% 的平均水平。2012 年，我国高新技术产品出口额 6012 亿美元，但是加工贸易占 72%，而技术含量较高的软件和芯片出口额比重不到 7%。另外一个不可回避的现实是，我国很大一部分高技术产业的产值是三资企业创造的。2012 年，高技术产业主营业务收入中三资企业占到 60%；从高技术产品出口的企业分类分布来看，高技术产品出口份额中外商独资企业占到

61%。① 因此，我国只有不断强化创新驱动，提高自主创新能力，才能抓住发展机遇和主动权，否则将会不断拉大与发达国家之间的发展差距，甚至被边缘化。

创新是企业家对生产要素的新组合，以建立效能更好、效率更高的新的生产体系，获得更大利润的过程。创新促进了劳动生产率的提高，提高了劳动力的边际产出量，使劳动者收入增加。

劳动生产率提高是效益增长的标志，其提高的实质是节约社会必要劳动时间。劳动生产率的提高使劳动时间消耗变少，而生产要素的利用率得到提高，经济持续增长的潜力变大。提高劳动生产率是我国当前发展的重要目标，而企业的技术创新能力是提高劳动生产率的关键。首先，企业技术创新使生产条件得到改善，产品大批量的生产会形成规模经济效应，提高生产效率，降低单位商品的生产成本。对于企业员工来说，同样的劳动时间里生产出更多的产品，进而通过市场交易后获得了更丰厚的劳动报酬。其次，技术创新不仅能够增加研发主体的竞争力，而且可通过外部性效应，使不同规模的生产组织都提高劳动生产率，最终使社会整体技术水平提高。社会生产率的整体提高意味着，居民收入水平的提高，消费能力的增加促进了经济发展的良性循环和持久繁荣，而大量多样化、高性能、

---

① 数据来源：科技部《中国高技术产业统计年鉴 2013》。

低成本商品的出现，也为国民物质需求的满足提供了条件。

当前我们想要通过"做大蛋糕"来促进居民增收，关键就在于推进创新驱动发展战略，提高劳动生产率，用发展来解决发展过程中出现的收入分配差距问题。技术创新是经济发展的推动力，是社会财富增长的源泉。然而，企业是创造财富的主体，因此必须按照现代企业制度的要求，大力推进企业技术创新，使企业为社会创造出更好更优质的产品，并通过技术进步和知识积累使经济发展进入要素收益递增的良性循环状态，最终实现社会总产出增加和劳动者持续增收。

三、通过创新驱动发展战略增强国际竞争力，提升国内社会总福利

创新驱动发展战略可以增强国家在对外贸易中的竞争力，提高国内企业对国际市场的占领份额，促进国内产品高附加值的实现，最终提高国内社会总福利，增加居民的实际收入。在经济全球化和区域经济一体化的背景下，国际市场竞争日益激烈，加大研发投入并不断进行技术创新和商业模式创新是企业生命力之所在，同时也是增强企业的国际竞争力，获取全球范围内的竞争优势，推动企业可持续发展的根本手段。对于企业而言，在对外贸易的经济活动中，市场竞争力的优势使得自身产品很容易在国际大市场实现自身价值，企业在依托国内国外两个市场做大做强的同时，企业员工收入也得以不断地增长。

对政府而言，技术创新能力的提高增强了本国在国际贸易中的整体实力，从而增强了在国际贸易主体之间的话语权，因贸易顺差而产生的不断增长的外汇储备为我国在国际市场获得稀缺资源，进而增加国民社会整体福利，提高居民实际收入创造了条件。

国际竞争的本质是技术水平和价格成本的竞争，只有通过实施创新驱动发展战略，不断提高劳动生产率，才能实现高效益，才能获得较高的市场占有率，增加国内居民福祉。美国之所以能在全世界范围内保持超级大国的地位，创新能力是根本原因。20 世纪以来，美国一直是创新能力最强的国家，科技贡献率在全球首屈一指。2008 年美国 GDP 为 14.33 万亿美元，居世界首位，远超位居第二的日本，2009 年即使受到了金融危机的冲击，GDP 仍达到 14.27 万亿美元，到 2013 年，金融危机后经济复苏后 GDP 达到了 16.80 万亿美元，经济总量始终保持世界第一的位置，以不到世界 5% 的人口，创造了全世界 22.7% 的财富（按 GDP 占全球总量计算）和 40% 的高科技产品。[①] 而在生产力取得大发展的同时，国民收入水平也得到极大提高。美国里奇蒙德储备银行（Richmond FED）主席莱克（Jeffrey Lacker）认为："近年来，推动美国薪资和就业趋势的幕后因素是科技进步，而非贸易。"从 1900 年起，美国人均

---

① 　王静：美国持续创新能力来自何处，《科学时报》2010 年 7 月 14 日，A3 版。

收入超过了欧洲各国，迈入了富裕国行列，在科技进步对经济增长的贡献率不断提高的同时，人均收入也随之有了大幅度的提高。

四、通过制度创新完善公平机制，实现居民收入增长

实施科技创新的同时必须伴随制度创新。制度创新是技术创新和社会进步的根本动力。通过制度创新，使市场经济体制更加完善，生产关系更好地适应生产力发展，企业交易成本得以降低，从而促进社会公平机制的形成，最终实现居民收入增长和收入差距缩小。

首先，制度创新表现在社会管理上。十八大报告指出，"必须从维护广大人民根本利益的高度，加强和创新社会管理，推动社会主义和谐社会建设。"社会管理中与实现居民收入增长直接相关的措施就是要千方百计增加居民收入，深化收入分配制度改革。在新的经济社会发展形势下，面对收入分配差距拉大的问题，必须要加大制度创新，用新办法解决新问题，不能固步自封、墨守成规。通过制度设计上的创新，努力实现居民收入增长和经济发展同步、劳动报酬增长和劳动生产率提高同步。当前在收入分配制度上，重点要做到以下改革和创新：完善初次分配机制，加快健全以税收、社会保障、转移支付为主要手段的再分配调节机制；深化企业和机关事业单位工资制度

改革，完善企业工资集体协商制度，保护劳动所得；创新增收途径，多渠道增加居民财产性收入，等等。

其次，制度创新表现在经济管理上。经济管理上的创新旨在解放和发展生产力，简政放权以降低企业交易成本，为企业松绑并注入活力。劳动生产率的提高必然使劳动收入增加，市场机制作用的充分发挥又促进平均利润的形成，有助于实现居民增收和缓解收入分配差距的扩大。当前，我国产业创新能力依然比较薄弱，科技与经济"两张皮"的问题尚未得到根本解决，由企业所主导的产业技术研发创新的体制机制尚未形成。因此，需要深化改革，推进制度创新，提高企业创新动力。企业强则国家强，强化企业技术创新的主体地位，必须建立以企业为主体、以市场为导向、产学研相结合的技术创新体系，这是提高创新能力的关键。技术创新的推动者往往是企业家，知识创新、技术创新只有通过企业，才能真正转化为大规模的产品生产，从而在市场上获取经济效益。只有企业真正主导了整个技术创新链条，技术创新最终取得市场成功的可能性才最大，才能真正增强国家经济发展实力，提高国民福利水平。目前，创新动力不足已成为制约企业技术创新的核心问题。针对这个问题，一是要推动生产要素的市场化改革，加快资源价格形成机制改革及产业组织调整，健全反映稀缺性和环境影响的资源价格机制和税收体系，进而构建促进企业技术创新的压力机制和倒逼机制。二是要进一步完善市场竞争环境，建立公平的市场准入规则，努力消除实际存在的行业垄断和市场分割，构建更加公平公正、开放统一的市场环境，从而创造各种所有制企业之间公平竞争、平等获得资源的市场环境。深化国有企业改革，完善国有企业业绩考核体系和国有企业经营者的考核和任用制度，将创新投入和创新效益纳入考核体系当中。加强知识产权保护，使创新产品、技术、专利等得到有效保护，激发企业创新热情。三是要调整和制定需求政策，为企业的创新产品提供市场空间。要有重点地落实政策，降低企业创新的成本和风险，如切实落实研究开发费用税前加计扣除政策，以多种方式加强鼓励创新的需求政策。进一步细化政府采购政策，发挥政府采购对创新的激励作用。四是要优化产业环境，提高产业集中度，减少行政性垄断，形成集群创新机制。五是要完善政府职能，明确角色定位，为企业自主创新营造良好的外部环境。

十八届三中全会通过的《中共中央关于全面深化改革若干重大问题的决定》为我国未来各领域的制度创新指明了方向。随着改革的深入，我国的经济社会发展将释放出越来越多的改革红利。

第三章
收入分配差距的效应

对于收入分配差距的效应我们要辩证的看待，适当的收入差距有利于打破平均主义，调动各生产要素的生产积极性，使市场运行更有活力，经济发展更加迅速。但是过大的收入分配差距，会对经济运行、社会稳定以及社会价值观产生消极影响。

第一节　收入分配差距的积极效应

现实生活中，收入上的适度差距是客观存在的。尤其是在对外开放和发展市场经济的条件下，由于资源占有、个人素质和社会贡献的不同，不可避免地会产生初次分配上的差距。在市场经济条件下，这种产生适度差距的收入分配制度相对于平均主义的分配方式，会使资本、土地、劳动力、技术和管理等生产要素能够获得更为充分的回报，会对各生产主体起到激励作用，从而有助于生产效率的提高。

一、有利于克服平均主义

在社会主义条件下，平均主义是一种抹杀劳动报酬上的任何差别且否认按劳分配原则的分配财富的思想。平均主义使社会化大生产倒退到自给自足的自然经济，违背了市场经济运行规律和社会历史发展要求。改革开放以来，我们实行了允许一部分人先富起来的政策，只要是通过诚实劳动和合法经营实现的，而不是以牺牲另一部分人的利益、降低另一部分人的收入为代价取得的，就是正当的、合理的收入；承认和鼓励人们的收入分配拉开适当的差距，打破平均主义，在以按劳分配为主体的前提下实行多种分配方式并存，生产要素按贡献参与分配。这些分配原则有效地改变了改革开放前"干与不干一个样"、"干多干少一个样"、"干好干坏一个样"的状况，并在全社会逐步形成诚实劳动、合法经营、人人力争率先致富的良好氛围。

二、有利于调动人的积极性和创造性

全面建设小康社会，加快我国经济社会发展，必须调动社会各个方面的积极性。平均主义不但不利于调动人们的积极性，而且会抑制人们的积极性。合理而适度的收入分配差距则有利于调动各个方面的积极性。作为劳动者，不论是从事体力劳动还是脑力劳动，不论是从事简单劳动还是复杂劳动，只要是从事有益于人民和社会的劳动，为我国社会主义现代化建设作出贡献的劳动，就能够多劳多得，率先富起来。因而，劳动者的劳动积极性会得到充分的调动和发挥。作为投资者，他们通过投资建厂、办企业，从而获得投资收入。他们的合法收入中的劳动收入和非劳动收入如果都能够得到切实的保护，相应地，他们的创业积极性就会得到充分的调动和发挥。作为科技人员，他们从事的是复杂劳动，而复杂劳动创造的社会价值比简单劳动要高得多，相应地，他们获得的劳动收入就多一些。与其他劳动者适当拉开收入差距，能够充分地调动和发挥广大科技人员从事知识创新和科技创新的积极性。总之，合理而适度的收入分配差距，有利于调动和发挥各种生产要素所有者和投入者的积极性，逐步形成全体人民各尽所能、各得其所而又和谐相处的局面。

三、有利于各生产要素的汇集

首先有利于人才的汇集。作为一个经济人，人有追求自身利益最大化的动机，适度的收入分配差距能够让人才在创造财富和发展生产力的过程中释放自身潜力，通过其贡献的大小和资源的多少来获得比普通劳动者更高的收入。在当今世界各国综合国力的竞争中，人才的竞争是核心，谁拥有更多的高素质人才，谁就能在激烈的竞争中取胜。而对于一个国家或企业来说，给予人才更多的劳动报酬是留住人才和聚集人才的关键。面对经济全球化的新形势，特别是我国加入世界贸易组织以后，许多国家纷纷以各种优厚的待遇和条件，同我们争夺人才。在这种情况下，我们必须尽快采取切实可行的措施，包括给予优秀人才更高的收入，更有效地防止人才的流失。而且在尊重劳动、尊重知识、尊重人才、尊重创造的社会氛围下，这种收入差距也得到了人们越来越广泛的认同。

其次有利于资本的聚集。资本聚集和运动的原始动机就是追逐利润。对适度分配差距的认可，可以有效地提高资本运动的积极性，向生产率更高的部门集聚。现代金融体系又为资本运动提供了更多条件，促进了资本向朝阳产业和创新型企业集中，最终使资本得到了高于平均利润的收益。从全社会来看，虽然形成了一定的收入分配差距，但有利于资本积累和集聚，提高了投资积极性，有利于集中力量办大事，并促使企业不断开发新技术，推动创新驱动发展战略的实施，最终使生产力得到提高。

四、有利于实现共同富裕的目标

社会主义的最终目标是实现全体人民的共同富裕，但实现共同富裕是一个过程。只有鼓励一部分人、一部分地区通过诚实劳动和合法经营先富起来，形成示范效应，并通过先富者带动和帮助后富者，才能逐步实现共同富裕。邓小平同志就曾说过："可以让一部分地区、一部分人先富起来，带动和帮助其他地区、其他人，逐步达到共同富裕。"

我国人多地广，不同区域之间的资源禀赋差异很大，很难实现同步同时达到富裕状态。我国的具体国情决定了在实现共同富裕的策略上，要采取更加灵活的措施，具体表现为可以使一部分人和地区先富起来，产生出巨大示范效应，从而极大地带动其他地区、企业和个人的生产积极性，然后先富的帮助后富的，最终形成一种后富追赶先富、先富向更高目标前进的你追我赶的竞争局面，最终使整个国民经济不断地波浪式地向前发展，使全国各族人民都能够比较快地富裕起来，逐步走向共同富裕。而在这个过程中，适当的收入分配差距必不可少。

第二节　收入分配差距过大的消极效应

适度的收入分配差距对于调动生产力和创造力有较大的促进作用，但是收入差距过大将会对经济社会产生很明显的消极效应，不利于经济的可持续发展和社会的稳定和谐。

一、收入差距过大影响社会稳定

收入是民生之源，合理的收入分配秩序关系到社会公平正义的实现，事关人民群众切身利益。"不患寡而患不均"，不合理的收入分配差距将挫伤社会大众劳动积极性，制约消费能力的释放，滋生社会不满情绪，从而影响社会稳定。

首先，部分高收入群体通过贪污受贿、偷税漏税、制假冒伪劣产品等违法暴富行为，破坏了社会主义市场经济公平竞争的要求，打击了诚实劳动和合法经营者的生产积极性，阻碍了市场经济的健康发展，增加了社会不公平和不公正，使社会各阶层利益矛盾加剧。"仇富"心态、"杀富济贫"的心理直接影响社会稳定，加上部分高收入群体缺乏社会责任，"炫富"行为和对低收入群体的歧视心理，都很容易把矛盾激化，使部分低收入群体采用非理性的方式向富者表达愤慨、讨回"公道"。这些都严重影响社会稳定，一定程度上将会把收入分配这一经济问题转变为社会问题和政治问题。

其次，收入分配差距是社会矛盾的主要"孵化器"。收入不公和差距过大在影响生产积极性的同时，也会激化群众对民生保障、国有企业垄断和权力寻租等行为的不满。特别是随着人均GDP超过6000美元时，历史经验表明这一时期社会会进入不协调因素的活跃期和社会矛盾的多发期，即社会结构深刻变动、社会矛盾最易激化的高风险期。如果这个时候不能解决好收入分配这个民生之本，维护好社会公平正义，民众不满情绪很容易会采用非理性的方式宣泄，通过信访、上访和群体性事件表达出来，影响社会稳定。

最后，收入不平等加剧阶层矛盾。收入差距过大在短期内会形成代际传递，再加上既得利益阶层对于利益的垄断和保护，使得社会阶层固化，加剧了阶层矛盾和群体利益冲突。当前我国的社会矛盾突出地表现为不同社会利益群体和不同阶层之间，尤其是新旧利益群体和新老阶层之间的博弈。在资源有限的情况下，新生利益群体必然会尽可能地争取更多的生存空间和生产资源，努力打破固有的利益格局。这个过程很显然会冲击原有阶层的利益，形成了相互博弈和相互冲突，社会的不和谐也就突出地表现为群体间因利益之争所引发的新矛盾。在市场经济体制不断完善和城镇化不断推进的过程中，形成了诸多新的利益群体和阶层，包括私人企业主群体、农民工群体、失地农民群体、失业职工群体、以及城市中的房产主阶层等构成的利益群体；利益阶层有国家与社会管理者阶层、经理人员阶层、私营企业主阶层、高级技术人员阶层、办事人员阶层、个体工商户阶层、商业服务业员工阶层、产业工人阶层、农业劳动者阶层和城乡无业、失业、半失业者阶层[1]。这些群体和阶层对资深的分配诉求所引发的利益冲突，越来越成为普遍的社会现象。

上述矛盾要是能够应对得当、处理得好，社会就能保持稳定，和谐社会的建设就能有序的推进；要是应对失当、处理不好，就会造成社会动荡，成为构建和谐社会的障碍。

二、收入差距过大制约有效需求增长

近年来我国经济总量虽然取得了快速增长，但是消费率却

---

[1]　阶层分类参考陆学艺教授等提出的十阶层理论。该理论将改革以来的社会分化表述为阶级、阶层的分化，认为当前中国社会已经分化为"十大社会阶层"，即国家与社会管理者阶层、经理人员阶层、私营企业主阶层、专业技术人员阶层、办事人员阶层、个体工商户阶层、商业服务业员工阶层、产业工人阶层、农业劳动者阶层、城乡无业失业半失业者阶层。

持续走低，主要原因就是城乡间、行业间的收入差距不断扩大，造成有消费能力的没有消费潜力，有消费潜力的没有消费能力的局面。

（一）居民整体平均消费倾向下降

收入差距过大使收入集中于少数高收入群体手中，城镇低收入群体和农村居民只获得少量收入且增长缓慢。然而，不同收入群体的平均消费倾向不同，高收入群体边际消费倾向较低，低收入群体边际消费较高，由于收入分配上的不公以及高收入群体不断增加的财产性收入和"以钱生钱"的金融理财手段，都使得新增收入不断流入到高收入群体中，而这部分新增收入难以转化为直接的消费，进而导致了整个社会消费倾向的下降，制约了消费市场的拓展和消费需求的扩大，影响国民经济的良性循环。如果缩小收入差距，随着中等收入群体不断扩大，边际消费倾向较高的低收入群体的收入将持续增加，那么这些增加的收入最容易转化为直接的消费，整个社会的平均消费倾向就会增加。有消费潜力的低收入者得到了消费能力，社会消费需求就会得以释放，这对社会总消费的刺激作用会远远超过各类人员收入的普遍增加。

（二）收入差距过大改变消费预期

生命周期理论认为一个人的消费不仅取决于当期的收入，而且还要考虑到整个生命周期，因此，预期就成为了影响个体各期消费的一个重要因素。而收入差距过大会影响居民的消费预期，因为如果居民当期收入过低，并且在一定时期内看不到收入差距缩小的希望和收入大幅增加的条件，这样的预期就会影响到当期消费支出和未来支出计划。特别是在教育、医疗和养老等社会保障制度不完善，保障力度不够的情况下，低收入群体就会按照自己的支出预期减少当期消费，增加个人储蓄以备未来必要的生活消费支出。

其次，收入差距过大使低收入者对未来的消费支出的预期增加。高收入群体在储蓄不断增加的同时，会寻求回报率更高的投资理财和额度更高的消费方式。就居民投资理财而言，由于当前投资渠道不畅通、股票市场不完善和银行利率偏低，相当部分中等收入以上的民众选择不动产的投资，以确保财富的保值增值，这种超过刚性需求以外的投资需求导致房价不断上涨，增加了对房产有刚性需求的居民对未来支出的预期。就未来消费成本的提升而言，由于部分公共服务部门的过度市场化，高收入群体较高的消费能力导致社会平均教育和医疗支出的增加。对生活消费成本不断上涨的预期严重限制了居民当期的消费需求，由于收入有限，低收入者如果在未来要消费这些商品，唯一的办法就是压低当期消费并增加储蓄，以备未来之需。

（三）收入差距阻碍消费结构的提升

消费结构的提升需要以一定的收入水平作支撑。近年来，我国城镇和农村的恩格尔系数下降缓慢（2013 年分别为 35% 和 37.7%）同时也彰显出消费结构升级缓慢。以文化消费为例，当前我国居民文化消费仅占居民消费总支出的 6.6%。释放巨大的文化消费潜力，发展文化产业，重要的前提是尽快提高中低收入群体的收入水平，创造条件使中低收入者成为文化消费的主体。

可以看出，挖掘城乡居民消费潜力和提升消费结构的关键就在于形成公平合理的国民收入分配格局，不断缩小收入分配差距，进而提高城乡居民的实际收入水平。确保城乡居民收入的实际增长不低于 GDP 的增长速度，实现居民收入增长与经济发展同步，劳动报酬增长与劳动生产率提高同步，最终提高低收入群体的消费能力，增加社会总需求，真正实现经济发展由投资主导型向消费主导型的转变。

三、收入差距过大会造成社会价值观扭曲

收入差距过大会使一部分经济困难的群体产生心理失衡，引发他们对高收入群体的敌视，容易使拜金主义思想泛滥，造成人们价值观扭曲，直接影响社会风气。部分高收入者利用自身资源和权力，通过不法手段轻而易举地获得大量财富，这种行为对社会价值观产生极大的负面影响，使人们崇尚权力，进而以权谋私、权钱交易；使人们追求一夜暴富，进而挥金如土、骄奢淫逸。对个人来说，如果人生观上以享乐主义为首要，价值观上以"金钱万能"为核心，彻底成为金钱的奴隶而不去履行自己作为一个社会人应尽的责任，那么最终将不利于社会整体正确价值观的形成和推广。

第四章
收入分配差距扩大的原因

在社会主义市场经济体制和社会管理体制不断完善的的背景下，收入分配差距不断扩大，其根本原因有两个方面：一是市场经济发展的因素，主要是由不完全市场化和市场化过度造成的市场失灵；二是政府在经济社会治理过程中，因"越位"、"缺位"及"错位"造成的政府失灵。

第一节　收入分配中的市场失灵

市场失灵是指市场通过价值规律这只看不见的手，无法实现资源最佳配置的情况，市场机制不但没有提高效率反而导致资源不适当配置，使得市场调节出现无效率的一种状况，造成了资源浪费和交易成本过高，影响经济的持续健康发展。换句话说，在一系列理想假定下，自由竞争的市场经济可使资源配置达到帕累托最优状态①，但理想化的假定条件并不符合现实情

---

① 帕累托最优（Pareto Optimality），也称为帕累托效率（Pareto efficiency），是指资源分配的一种理想状态：在不使任何人境况变坏的情况下，而不可能再使某些人的处境变好。

况，市场失灵是自由市场均衡背离帕累托最优的一种情况。

在以下这些情况下，市场的自动调节机制会失灵：不完全竞争、公共物品的提供、外部性和信息不对称等。收入分配过程中的市场失灵则主要有：市场充分竞争后形成的自然垄断和经济垄断造成的收入差距；经济周期性波动造成的低收入群体贫困；市场经济中的收入分配原则造成的收入差距。

一、经济垄断和自然垄断造成的收入差距

经济垄断又称市场垄断，指优势企业在市场的竞争性领域通过企业间的兼并或者合作，形成价格同盟并控制行业生产和服务标准，进而打压行业内弱势或者新兴企业，以达到控制市场份额并获得超额利润的目的。经济垄断是社会化大生产的必然产物，是市场机制作用下的客观趋势。根据垄断程度的不同，经济垄断可分为三种类型：完全垄断、垄断竞争和寡头垄断。经济垄断破坏了完全竞争的市场机制，损害了消费者利益，减少社会总福利，由于行业内部超额利润的形成，使得企业内部员工收入远远超过社会平均收入水平，而且垄断的形成阻碍了生产要素在部门间的自由流动，阻碍市场行业间平均利润率的形成，导致收入差距在各行业之间被逐步拉大。

自然垄断是经济学的一个传统概念，与规模经济密切相关。企业的平均成本会随着产量增加而持续下降，如果任由多个企业同时生产，每个企业获得一定的市场份额，每家企业的

平均成本都会比较高，导致生产产品的社会总成本也会比较高。如果通过政府干预，最终市场内只有一家企业，即形成自然垄断，那么随着生产规模的扩大，产品的平均成本会持续下降，最终使社会总成本下降，国民社会总福利增加。自然垄断部门由于处于完全垄断地位，因此能够控制市场价格和商品供给量，并且通过产业壁垒限制新企业的进入，自由竞争被完全打破。企业获得垄断地位后会得到超额利润，垄断企业的员工随之获得较高的劳动报酬，导致了行业之间和高低收入群体之间收入差距的扩大。在收入最高的自然垄断行业中，以电信行业为例，根据 2013 年《中国统计年鉴》，电信业属于信息传输、计算机服务和软件业这个大类，该行业的职工平均工资水平为 90926 元。然而我国收入最低的三个行业为：农林牧渔业、住宿和餐饮业以及水利、环境和公共设施管理业，这三个行业职工平均工资水平分别为 25820 元、34043 元和 36122 元。行业间最高收入与最低之间比值为 3.86:1，自然垄断形成的行业间收入差距问题十分明显。

在建立有中国特色社会主义市场经济体制的过程中，我们一方面要加快对垄断性行业的改革，培育更多的市场主体，鼓励公平竞争，逐步打破行业垄断或缩小垄断范围，使市场机制在调节个人收入分配中发挥更大的作用。另一方面还要切实认清我国市场经济的发展阶段，在制度不断完善的同时，也要从发展的角度来分析问题，在发展中减少行业间收入差距。只有在经济持续健康增长，各行业都得到充分发展的条件下，收入差距才能逐渐缩小，最终实现共同富裕。

二、经济波动带来的失业和收入减少

西方经济学认为，失业大体可分为季节性失业、磨擦性失业、结构性失业和周期性失业四种类型。前三者属于自然失业，所谓自然失业是指实现了充分就业时仍然存在的失业，它源于经济中一些难以克服的因素，一般说来无法完全避免。与自然失业相对应的是周期性失业。周期性失业是由经济周期性波动引起的一种失业，它随经济周期阶段的变动而变动：经济收缩阶段失业率上升，经济扩张阶段失业率下降，奥肯定律[①]表述的就是这种关系，它将经济增长率和失业率的变化联系在一起，为研究失业与经济周期阶段的关系提供了理论依据。在现实生活中，最为人们普遍关注的失业就是这种周期性失业，宏观经济学创始人凯恩斯称之为"非自愿失业"。

失业问题与居民收入息息相关。确保居民劳动收入不断地稳定增长是降低收入差距的必然要求。经济周期性波动是由市场滞后性和盲目性所导致的经济现象，是市场失灵的经济后

---

① 奥肯定律是来描述 GDP 变化和失业率变化之间存在的一种相当稳定的关系。这一定律认为，GDP 每增加 2%，失业率大约下降一个百分点，这种关系并不是十分严格，它只是说明了，产量增加 1% 时，就业人数上升达不到 1%，但是却反映了经济增长与失业率之间一种负相关关系。

果，通过对就业的影响，导致居民收入的波动。特别是对于低收入群体，由于市场竞争力比较弱，经济下行时，其就业会受到直接的冲击，进而导致收入差距更加恶化。所以，在研究收入分配差距的问题时，就很有必要将其与经济周期性波动问题相结合起来。

在经济的复苏和回升期，就业机会必然大量增加。在这一阶段的首要任务就是进一步加大复苏的力度，巩固复苏的基础，使经济保持持久繁荣。在不断增加就业率的同时，增加居民劳动报酬在初次分配中的比重，使全体劳动者共享经济繁荣的成果，最终实现全社会物质生活水平的极大提高。合理的收入分配格局又会反作用于经济发展，增加消费需求，不断扩大的内需，从而为经济再腾飞注入动力。同时也要完善再分配体制，逐步缩小居民间、行业间和地区间的收入分配差距，在"切蛋糕"时向城镇中低收入者和农民倾斜，切实为中低收入群体做些实事，提高他们的收入，完善社会保障体制，增强中低收入群体的购买力。充分利用近几年来财政收入不断增长的契机，扩大民生支出并寻求高效的社会保障措施，消除制度变迁的不确定性对消费产生的负面影响。

在经济萧条期，该阶段明显的特征是需求严重不足，生产相对过剩，销售量和价格下降，企业盈利水平极低，随后生产萎缩导致劳动力需求不足，大量企业破产倒闭，失业增加。低收入群体的正常收入不能保障，居民整体收入下降，部分高收入群体利用萧条时期投机敛财，出现了贫富差距过大，两极分化的社会现象，最终使收入差距导致的社会矛盾处于被激化的边缘。从另一方面讲，收入差距问题也是导致经济萧条的因素之一。以 1929 年经济大萧条为例，美国 20 世纪 20 年代的经济繁荣基础极不稳定，少数垄断组织控制着国家的经济命脉，国民收入分配严重不均，贫富差距日益扩大。资本家摄取了高额利润，当时美国国民收入的 1/3 被占总人口 5% 的最富有者所占有。与此同时，广大劳动人民日益相对贫困，在 1929 年，约 60% 的美国家庭其收入仅够维持生活，他们的收入在全国总收入中尚不足 24%，造成了市场消费需求不足，使市场不能自动出清，最终导致经济危机的爆发。

三、资源分配方式造成的收入差距

收入分配不公之所以也被看作是"市场失灵"的表现，是因为人们认识到，市场经济下的国民收入分配实际是由拥有生产要素或者资源的多少决定的，而生产条件决定价格或报酬问题。在资源分配上的不均等就成为了收入分配差距的主要原因，主要表现在两个方面，第一是市场机制作用下配置资源的方式，以及资源占有量决定收入分配的原则造成弱势群体与强势群体之间分配不公；第二是政府资源配置不公造成的收入差距，主要表现在区域和行业之间分配不公。

在市场经济条件下，资源完全按照利益机制进行配置，在供求作用下以价格的形式表现出资源稀缺程度，从而使生产要素向高效率和高利润的行业或个体流动，这样就造成了资源的过分集中，不同行业或个体之间资源占有量的差距越来越大。再加上每个个体拥有的生产要素禀赋也不尽相同，而物质性生产资料又有很强的代际继承性，并且在现实中社会成员之间的劳动体能和智商存在着先天性差异。而个体参与初次分配的前提条件是拥有一定数量和质量的生产要素，各生产要素按贡献参与收入的初次分配。由于这些差异在市场经济里的客观存在，如果按照市场原则进行分配，那么生产要素占有的多寡优劣就决定了收入差距的必然存在，而市场机制是不具有自动缩小收入分配差距功能的，在这个问题上，它是"失灵"的。占有较大比例生产要素的富有阶层能凭借已有的生产要素获取更多的生产成果，而占有生产要素较少的贫穷阶层在分配中则处于不利的地位。富有阶层过去获得的收入又通过财产积累或资本积累转化为新的收入来源。新的收入不断积累、反复循环投入会形成放大效应，造成收入差距日益拉大，就是所谓的富者愈富，贫者愈贫的"马太效应"。再如，公共产品是指在效用上具有不可分割性，在消费上具有不可排他性的产品，比如公路交通、教育等。经济发达地区由于人均收入水平较高，其居民能够承受较高的公共产品成本，进而能享有较多的公共产品；而经济落后地区的居民只能承受较低的公共产品成本，从而只能享有较少的公共产品。公共产品在地区之间的分布不均会进一步异化为地区间经济发展差距扩大的条件，造成发达地区更发达，贫困地区更贫困的恶性循环。

　　另外一方面就是政府资源配置不公所造成的收入差距。现阶段我国出现的收入分配差距过大问题，一定程度上是由于引用市场机制后，资源配置方式也由计划调节为主转变为以市场调节为基础，政府通过行政方式不公平地配置垄断资源所造成的。为了实现收入公平分配，就必须要建立对政府垄断资源进行公平分配的机制。政府垄断性资源主要包括两类：一是权力资源。如行政审批、经济政策和法律法规等；二是物质资源。主要包括政府直接掌握的国有土地、国有资本、矿产资源等。改革开放以来的市场化过程，就是政府不断地将垄断资源推向市场以寻求最优化配置和最大化产出的过程。在这个资源重新分配的过程中，如果所有国民都能享有公平的机会参与资源分配，那么因资源分配而导致的收入分配差距就会大大缩小；反之资源分配如果有所倾斜则会使区域和行业间差距拉大。例如，我国的对外开放过程，先是在沿海地区设立经济特区进行试点，然后再扩大沿海开放沿海港口城市，第三步建立沿海经济开放区，第四步是开放沿江及内陆河沿边城市。对外开放格局形成的过程，也是资源进行有倾斜性地投入的过程，也是当前区域收入分配不公的格局形成的重要因素。

四、信息不对称造成的收入差距

在信息时代，拥有信息量的大小一定程度上决定了财富的多少，而信息拥有上的不对称也造成了市场交易双方的利益失衡，影响社会的公平、公正的原则以及市场配置资源的效率，最终影响到社会成员之间的收入差别。这种由信息不对称所造成的收入差距主要存在于劳动力市场和金融市场。

在劳动力市场中，信息不对称主要表现在就业方面，即用人企业和劳动力之间因信息不对称而不能顺利实现劳动力供需平衡。特别是在低收入群体的就业问题上，低收入群体获取劳动力市场信息的渠道非常有限，无法借助信息化手段主动释放自己的求职信息，结果造成了"用工荒"与"求职难"并存的社会问题。低收入群体就业无门直接导致了其收入的下降，在进城务工人员最低生活保障制度缺失的情况下，城市内部收入差距进一步被拉大。

在金融市场中，高收入群体利用自己获取投资信息的优势，牺牲中小投资者利益，在短时间内谋取暴利，造成了十分明显的贫富差距。特别是在证券市场上，易于取得信息优势的机构大户、上市公司利用国内证券市场的体制缺陷的漏洞，进行非法透支炒股、内幕交易、操纵市场等活动，在整体上造成证券市场的投机性和风险性非正常增大，形成了富者愈富、穷者愈穷的收入分配两极化局面。

第二节　收入分配中的政府失灵

政府失灵就是政府为了矫正和弥补市场机制的功能缺陷所采取的立法、行政管理以及各种经济政策手段，然而在实施过程中往往会出现各种事与愿违的结果，最终导致政府干预经济的效率低下和社会福利损失。之所以出现政府失灵，是因为政府作为社会公共利益的代表，其行为目标应该与社会公共利益一致，而在实际运行中政府机构的行为目标与社会公共利益之间是存在偏差的，无论是政府机构还是官员都有自己的行为目标。这种不一致性主要表现为，部分国家的政府代表着少数特殊利益集团的利益，争取利益集团支持以获得长期执政的权力；政府机构则以部门利益为主，追求预算最大化和部门权力的扩大；政府官员也是经济人，也要追求自身的利益，在掌握资源配置的权力后，更有动力谋求自己的利益，即使违反政府机构设立的原则，也可能会铤而走险。这些都说明政府行为决策与社会公共利益之间存在很大差异，正是这种差异的客观存在导致政府在发挥经济干预功能过程中的失灵。政府活动结果与社会公共利益之间的偏差越大，政府失灵也就越严重。

一、收入分配中政府失灵的原因

收入分配中的政府失灵是指，政府为克服市场失灵造成的收入差距过大问题会采取一系列制度措施，然而这些政府管制未能克服市场失灵带来的两极分化问题，反而阻碍了市场机制正常发挥作用，加剧了市场缺陷和收入差距过大问题。收入分配中的政府失灵主要原因有以下两个方面：第一，对收入分配的无效调节导致政府失灵。在那些本该由政府发挥作用的领域，却由于财力不足、制度不完善等原因，致使政府应该进入的领域而没有进入或没有完全进入，政府有心无力，调控手段缺乏力度，调控机制运转不灵，调控效果难以到位，从而造成了政府失灵。最终造成公共产品在地区间的不平衡以及财政政策对收入分配调节乏力，难以充分发挥在再分配中的作用的局面。第二，过度干预导致政府失灵。在那些本该由市场发挥作用的领域，政府过多地使用行政手段来管理经济，政府应该退出的领域而没有退出或没有完全退出，权力集中，结果不仅没能弥补市场缺陷所造成的收入不公，反而妨碍了市场机制正常发挥作用，造成行政性垄断、权力寻租、行政管理低效等社会现象，加剧了收入分配不公。

二、行政性垄断造成的收入分配不公

行政性垄断是行政机关或其授权的组织滥用行政权力，限制竞争的行为，主要表现为地区行政性市场垄断、行政强制交易、行政部门干涉企业经营行为、行政性公司滥用优势行为等。我国收入差距悬殊形成的重要原因之一就是行政性垄断，主要是指经济生活中的某些部门和行业利用本部门或本行业的行政职权和特定优势，控制市场，独占经营，损害公平竞争的行为。

目前我国的垄断行业基本上是从计划经济时期沿袭而来的，它们对某些资源和领域的占有是政府赋予的，所以在政策和地位上具有排他性的绝对的特权和优势，这种特权和优势所形成的经济上的收益并没有惠及广大的国民，却使一些人获得了高收入。[①] 以中海油田服务股份有限公司为例，根据该公司公布的 2013 年度业绩报告，其 2013 年支付给职工以及为职工支付的现金共 37.77 亿元，雇佣员工 13830 名[②]，可计算出平均支付给员工 27.31 万元，而全国城镇单位就业人员平均工资仅为 51474 元。而这些行业的高级管理者的收入又远远高于一般职工的收入。由此看出，我国由行政垄断产生的收益只是给部分群体带来了利益，这是造成收入差距悬殊和收入分配不公的根本原因之一。

国有企业垄断导致收入差距过大。国企垄断是在国有经济发展过程中逐渐形成的，国企在行业竞争中具有决定性优势，从而在参与的经济领域形成垄断。市场垄断地位的形成使得国

---

① 卢萍，我国收入分配差距的产生原因与应对思路，《新视野》，2013 年 6 期。

② 中海油田服务股份有限公司 2013 年年度报告。

有企业轻松固守庞大的消费市场，获得超额利润，从而国有企业员工在收入分配中获得比较高的劳动报酬，收入分配差距在行业间逐步形成。比如说金融垄断，主要表现为银行业的垄断，垄断限制了金融业内部的合理市场竞争，阻碍了人民币存款利率市场化改革。此外，金融业的垄断地位还降低了金融部门的服务质量和管理水平。

要改革收入分配体制进而实现公平分配，就必须要加快国有企业和国有金融机构的改革步伐。十八届三中全会《中共中央关于全面深化改革若干重大问题的决定》指出，国有企业要建立职业经理人制度，更好发挥企业家作用。要深化企业内部管理人员能上能下、员工能进能出、收入能增能减的制度改革。在金融领域提到要完善人民币汇率市场化形成机制，加快推进利率市场化。

三、行政管理不当造成的收入分配不公

收入分配差距形成的原因一方面是因为引入市场机制后所致，另一方面是由于行政管理不当形成的，行政管理不当是政府失灵的主要内容。政府管制的"越位"或者"不到位"，以及政府因内部权力垄断后形成的寻租行为，在监管不力和制度不完善情况下出现的灰色收入都比因市场失灵造成的收入差距更为明显、更不能被社会所接受，这也是当前收入分配不公问题中最突出的社会矛盾点。

（一）寻租行为产生的灰色收入造成收入不公

寻租获得的是一种非正常的收入，利用权力寻求高额租金使一些人成为高收入者。此外，对特职和特权的占有也可使一部分人获得不合理的隐性福利收入。由于缺乏规范和有效的监管，一些垄断行业、职能部门和职权拥有者通过单位福利方式谋取数量不菲的灰色收入。这些权力寻租滋生的灰色收入，助推了收入分配差距的进一步扩大。在现实生活中，寻租行为又分为垄断寻租、税收寻租和财政支出寻租，寻租活动增加了市场交易成本，减少了国民福利，破坏了市场平等有序的竞争规则，阻碍市场化改革的进程，造成了社会生产的低效率、腐败问题恶化以及收入差距扩大等消极后果。

除了权力寻租外，职务消费也可使一部分人获得灰色收入。在公务的消费支出时，由于缺乏有效的监管所导致的职务消费膨胀，甚至是因职务特权而产生的不规范消费的行为，被认为是不规范的职务消费。这部分消费不仅增加了管理成本，更成为一部分人假公济私、获得灰色收入的手段。这部分隐性收入远大于实际的工资收入，滋生了"吃拿卡要"的恶劣风气，增加了民众的额外支出，并成为官民关系的主要矛盾点。其次，权钱交易使一部分人获得黑色收入。现阶段我国正处于体制转轨时期，政府手中依然掌握着大量分配资源的权力，特别是对土地、资金等重要生产要素的配置权力。当资源被推向市场时，由于政府职能并未完全转变以及制度、法律的不完备，一部分人便利用手中职权进行官商勾结、权钱交易、假公济私，为自己或利益集团谋取非法经济利益。近些年，在我国经济案件和领导干部犯罪案件中，不少是由寻租而引发的，这种权力寻租引发的贫富差距是社会最不能容忍的。

寻租活动不仅直接引起收入差距的扩大，且在再分配中也会间接地发生消极作用，使旨在纠正社会收入分配不均的再分配政策的效果大打折扣。因为行使分配的权力有相当大的主观性，再分配中资源是具有竞争性的，授予某些人的时候就要拒绝另一些人。权力的再分配给分配不公和滥用职权提供了机会，旨在修正收入不均和不公平的努力可能导致更严重的问题。

（二）行政管理形成的二元经济结构造成城乡之间不平等

我国二元经济特征明显，以现代工业为主的城市劳动生产率比以手工和半手工为主的传统农业生产率高出许多倍，劳动生产率决定了收入的高低，进而导致了收入差距。形成这种二元经济结构的主要原因之一是行政管理的不当。数据显示，城乡居民人均收入比在 1978 年为 2.6∶1，引入市场机制后，到 1983 年下降为 1.8∶1，1983 年后城乡农村人均收入比不断增加，到 2009 年达到峰值 3.3∶1。从这个数据的变化中可以看出，改革开放后在农村经济体制改革初期，市场机制的引入有效缩小了城乡居民的收入差距，然而随着城乡经济体制日益分割，行政管理造成了"二元经济"结构，阻碍了生产要素在城乡之间的自由流动，其中包括户籍制度对农村劳动力流动的限制、对农村劳动力非农就业的歧视、公共资源为城市发展的过度倾斜等，正是这种行政管理的政府失灵行为导致了城乡收入差距越来越大。

（三）政府对高收入者调控的不到位造成分配不公平

如果要坚持提高低收入者的收入水平、限制高收入者的收入增长速度和努力扩大中等收入者比重的收入分配改革方向，就需要出台相关政策措施调控高收入者收入增长速度。虽然我国的个人所得税制度在一定程度上缩小了收入差距，但是仍不完善，而且所得税标准需要根据整体收入增长情况作出及时的调整，真正起到"限高"的作用。要不断的完善税法制度，积极推动遗产税的出台，以提高对收入差距调节的力度。高收入群体面对较高税率更有动机和方法逃税漏税，所以要加强制度监督，对违法者严惩不贷。

四、财政政策缺陷造成的收入再分配失灵

再分配是在初次分配结果的基础上，各收入主体之间通过各种渠道实现现金或实物转移的一种收入再次分配过程，也是政府对要素收入进行再次调节的过程。在市场经济条件下，收入分配调节的空间更多的是在再分配领域，财政政策是常用的有效手段。政府在进行收入再分配的时候，通过税收和社会福利制度从大多数人，主要是从高收入群体收入中以所得税的形式拿出一部分，然后通过转移支付资助低收入家庭，如社会保险福利津贴、抚恤金、养老金、失业补助、救济金以及各种补

助费等，以保障低收入群体正常生活水平和缓解贫富差距。

当前我国由于制度设计欠缺，财政政策调节收入差距的功效并不明显。这种缺陷造成了在调节收入分配差距时政府的失灵，主要表现在以下几个方面：第一，再分配过程中财政收支管理的缺陷；第二，再分配中民生投入的不足；第三，在调节高收入群体过高收入时，税收作为重要的财政政策表现乏力；第四，低收入群体基本生活社会保障水平不高。

首先，再分配中财政收支管理的缺陷。政府收支管理缺陷造成的效率损失被称为"漏桶效应"[①]，该效应直接要说明的是追求公平时效率的损失。奥肯在对政府收支管理缺陷论述中提到："然而，这项方案有一个无法解决的技术难题：这些钱必须通过一个漏桶从富人那儿传送给穷人。在转交过程中，一部分钱将会不翼而飞，所以穷人不会全部收到取自富人的钱"[②]。在对收入分配调节的转移支付过程中，"不翼而飞"的那部分财政收入，一方面表现为政府进行税收和兴办社会福利事业时的行政管理成本，以及这项收入再分配政策所消耗掉的费用，这部分费用源于生产积极性的下降，另一方面则表现为行政工作人员违法违规占有国家财产行为，比如贪污、挪用公款、利用公款铺张浪费等行为。这种管理缺陷造成了少数人和部门在

[①] 美国经济学家阿瑟·奥肯（Arthur Okun）根据税收的转移支付问题提出了著名的"漏桶"原理，即富人交纳了一美元的税款，实际上转移支付到穷人手中的钱数要远少于这些。"漏桶"原理的最终结论是：高税率会使税收总额有所减少，也就是著名的"拉弗曲线猜想"。

[②] 〔美〕阿瑟·奥肯：《平等与效率》，华夏出版社，1987年版，第83页。

再分配过程中获得大量的不法收入，或表现为个人违法所得，或表现为部门集体违法占有，而低收入群体却没有获得应有的基本生活保障，导致了收入分配差距的进一步拉大。

其次，民生投入转移支付不足。正常状态下，充足的民生投入是居民增加隐性收入的重要路径。虽然近几年来中央政府一直强调民生投入的重要性，但在实际工作中，一些干部和地方政府依然秉持增长第一的思维定势，唯GDP至上，追求高速度和持续高增长，致使政府注重经济建设投资而忽略了基本民生投入，财政高比例的经济事务支出，势必排挤民生财政支出的增长，从而制约我国居民福利收入的增加。在当前城镇化迅速推进的新形势下，更是要加大对农村地区民生投入力度，确保农民基本权益在征地拆迁过程中得到很好保护，保障农民生活水平，加大对广大农村地区的社会救济、最低生活保障、基础性的社会保障、义务教育、基础性公共卫生和住房保障的投入力度，以解决农民后顾之忧。通过对职业培训和再教育的投入，让农民获得基本的发展机会和能力，推动农民实现更高质量的就业，让基层民众过上体面生活，共享改革发展成果。

再次，利用税收调节高收入的功能不理想。当前税收是调节过高收入的主要手段，"调高"不是简单的"抽肥补瘦"、"劫富济贫"，更不是"均贫富"，而是要通过税收等手段，使高收入群体的一部分财富交给国家，用于二次分配。在众多税种中，个人所得税征收的主要目的之一就是调控高收入，但我国个人所得税并没有很好地发挥调控高收入的作用。征税范围不够广泛、税收流失严重、税收管理现代化水平低、个人收入信息体系建设的缺失等问题，造成了个人所得税对高收入群体的调节作用非常有限。除个税之外，不动产税、遗产税和赠与税等也是调节收入分配、缩小贫富差距的有力措施，可到目前为止，在我国的税收体系中关于财产税等税种还没有特别明确、详实的法律规定，这也是我国贫富差距悬殊没有得到有效控制的根源之一。

当前，要进一步完善有关税收制度和政策，加大对高收入群体的调节力度，既充分保护人们劳动创业的积极性、激发社会创造活力，又要有效缓解收入差距过大趋势。着力完善个人所得税制度，建立综合与分类相结合的个人所得税制，降低工薪阶层的税收负担。加强税源监控和税收征管，加大对高收入的调节力度。

最后，低收入群体的社会保障水平不高。完善而发达的社会保障制度是缩小收入差距的有效途径，它可以通过收入的再分配，在一定程度上降低中低收入者的支出负担，相对增加他们的收入，从而缓解收入差距的矛盾。当前我国低收入群体规模还比较庞大，2013 年城市居民最低生活保障人数 2064 万人，农村居民最低生活保障人数 5388 万人，大量低收入群体的存在对社会保障水平提出了更高的要求，随着我国经济实力的增强，要不断提高社会保障水平。然而，我国对低收入群体的社会保障制度建设还刚刚起步，社会保障水平并不高。低收入者通过社会保障而获得的额外收入水平较低。特别是对"夹心层"的保障不力。"夹心层"主要表现在两个方面：第一个方面，我国目前享受社会保障的对象，大多是处于低保标准以下的人群。他们在享受低保金的同时，医疗、住房、子女教育等等方面也都得到了一定的保障。而那些收入处于低保标准和中等收入之间的人，既不能享受低保待遇，又无力购房、看病，生活无以保障；第二个方面是，对城乡"夹心层"——农村进城务工人员的保障。农民工作为介于市民与农民之间的群体，户籍制度的存在使得农民工生活在城市却保留着农民身份，为城市建设做贡献而没有享受城市公共服务。这部分人群的社会保障覆盖面低，特别是在教育、医疗等基本民生需求方面，没有得到公共服务的倾斜，导致了收入水平中下等的农民工群体生活困难，城市内部收入差距增大。另外，我国的养老保障和医疗保障制度存在着等级差别，这种等级差别本身再次拉大了收入差距。由于社会保障制度的不完善、不合理，制约了其在调节收入分配上作用的充分发挥。

总之，在二次分配中我们要不断完善低收入群体的社会保障制度，通过加大最低工资标准调整力度、提高失业保险金标准、调整企业退休人员基本养老金和落实积极就业政策，来保障低收入群体的基本生活。建立健全对弱势群体的社会救助机制，根据实际社会平均生活水平，提出富有弹性的补助标准线，随着物价水平和社会收入水平发生变化，对低收入家庭在社会保障支出上给予适当的补贴，让他们在充分享受社会保障权益的同时，使其生活质量保持在一定的水平。

五、公共服务在地区间提供的不平衡

公共服务是 21 世纪公共行政和政府改革的核心理念，以合作为基础，强调政府的服务性，强调公民的权利。包括加强城乡公共设施建设，发展教育、科技、文化、卫生、体育等公共事业，为社会公众参与社会经济、政治、文化活动等提供保障。而基本公共服务是保护个人最基本的生存权和发展权，为实现人的全面发展所需要的基本社会条件。

当前，我国基本公共服务的非均等化问题比较突出，并由此使地区间、城乡之间、不同群体之间在基础教育、公共医疗、社会保障等基本公共服务方面的差距逐步拉大，并已成为实现社会公平的焦点问题之一。收入分配差距问题就是在这种基本公共服务不到位、区域间供给不平衡等矛盾突出的背景下出现的，而且已成为城乡之间、地区之间和不同社会群体之间实际收入差距的重要因素。以城乡居民收入为例，2012 年城乡居民人均收入比为 3.1:1，如果考虑显性收入以外的义务教育、基本医疗、公共卫生和社会保障等公共服务因素，那么城乡居民实际收入差距估计达到 5 倍左右。

党的十八大报告指出，社会建设要取得新进步，基本公共服务水平和均等化程度显著提高。这里面难点和关键就是统筹城乡基础设施建设和社区建设，推进城乡基本公共服务均等化，这具有非同寻常的重大意义，是缩小城乡差距和居民贫富差距以及地区间不均衡发展的重要途径。

解决公共服务在地区间的不平衡问题需要建立一系列制度，比如制定全国基本公共服务均等化规划，明确城乡和地区间公共服务标准，使地方政府有标准可依同时也形成硬约束；实现基本公共服务在城乡、地区之间的制度对接；调整财政支出结构，转移支付制度要与公共服务均等化要求相适应，有针对性的对公共服务薄弱的地区倾斜；在城市内部，要完善保障进城务工人员权益的基本公共服务。在财政支出方面，"十二五"时期应实现公共财政预算和支出的透明化，财政预算和支出在制度约束和社会监督的制约下，行政成本可能会在现有水平上消减15%—20%，这样政府在推进公共服务均等化的过程中财政压力会减少，把有限的财政收入投入到最需要的地方。

第三节　收入分配中要正确处理政府与市场的关系

在收入分配中正确处理政府与市场的关系，首先要辩证的看待政府与市场的关系。虽然政府的调节可以部分解决"市场失灵"问题，但是无论在理论和实践中都不存在一种政府取代市场来解决市场缺陷的简单规则，因为有政府失灵的存在，所以政府是不可能完全纠正市场机制的不足。市场机制解决不了的问题，政府调节也不一定能解决，即使解决了也不一定会比市场机制更有效率，即使高效率的解决了问题也可能会对其他方面产生"副作用"。我们看到虽然市场和政府都不是万能的，但是相互之间又能够产生积极的影响，在政府能够弥补一定的市场缺陷的同时，市场也能够通过竞争机制让政府调控更加有效率，特别是在公共产品提供方面。

一、辩证地看待市场与政府的关系

正确处理政府和市场的关系是现代社会发展的关键问题，两者作为一种经济协调方式是一对矛盾，既相互对立又相辅相成。认识好政府和市场的关系，我们必须坚持唯物辩证法，做到"两点论"和"重点论"的统一，既抓住和解决好主要矛盾，也重视次要矛盾的解决。

政府与市场并非非此即彼的关系，两者是相互补充的关系，发挥市场配置资源决定性作用的同时必须更好地发挥政府的作用。无论是宏观领域中的问题，还是微观领域中的问题，都需要政府与市场相互紧密配合。市场经济的基本规律是市场对资源配置起决定性作用，但是决定性作用并不是全部作用，由于市场"失灵"的存在，"看不见的手"有好多做不好、做不了的事情，比如说公共产品的提供、收入上的两极分化、市场中的垄断以及外部性的内在化等问题。解决市场失灵问题就需要政府这只"看得见的手"进行有限的调节，弥补市场缺陷，为市场机制充分发挥作用创造条件。与此同时，市场也可以帮助政府、校正政府，通过引入竞争机制提高政府内部行政效率，增加提供公共产品和服务的质量。

纵观当今发达国家经济发展模式，无论是以美国为代表的自由市场经济模式、以德国和瑞典为代表的社会市场经济模式和以日本、韩国为代表的政府主导型市场经济模式，都是政府和市场相互作用的结果。绝对放任自流的市场和绝对严格管制的政府都会严重阻碍经济社会健康发展，而试图在政府与市场两者之间人为地划出一条泾渭分明的界限，把政府与市场的功能固定化、公式化也是徒劳无益的。我们要根据社会经济的发展和客观经济环境条件的变化，不断调整二者的关系，实现政府与市场的有效功能组合和优势互补。

二、政府通过立法和行政手段可以改善市场作用

市场要在资源的配置中起决定性作用，需要国内外和平的市场经济运行环境，还要有法律法规的制度保障，以及市场自由环境的维护，这些都是政府管理国家应尽的基本责任。

对我国而言，改革开放以来市场经济体制不断得以完善，在经济发展领域政府的首要任务是深化经济体制改革，为市场机制充分发挥作用创造有利环境，及时弥补市场缺陷。因此，

充分发挥市场在资源配置中的决定性作用，绝不是说政府无所作为，而是应坚持有所为、有所不为，着力提高宏观调控和科学管理的水平。首先要健全现代市场体系，完善的市场体系是生产要素自由流动并形成平均利润的必要条件，也能够降低企业间的交易成本，降低商品的生产成本。其次要加强宏观调控目标和政策手段机制化建设。不断增强宏观调控能力，通过经济逆周期调控，克服市场经济本身固有的盲目性和滞后性缺陷。再次要深化体制改革，如健全促进宏观经济稳定、支持实体经济发展的现代金融体系，发展多层次资本市场，稳步推进利率和汇率市场化改革，为市场内部资金自由流动创造条件，推进金融创新，维护金融稳定。最后，要加快建设下一代信息基础设施，不断发展现代信息技术产业体系，健全信息安全保障体系，推进信息网络技术广泛运用。信息基础设施的建设减少了交易成本，充足对称的市场信息反映了市场供求的及时变化，促进了合理市场价格的形成，为"看不见的手"充分发挥作用创造了条件。无论是传统的还是其他宏观调控手段，重点在于保障经济稳定增长，完善基本公共服务均等化，建立新型的收入分配制度，提高人们的生活水平和全社会的福利水平。

三、市场在改善政府职能上可以发挥重要作用

在认识到政府可以弥补部分市场缺陷的同时，也要认识到市场在完善政府职能时也可以发挥重要作用。政府职能包括：

政治职能、经济职能、文化职能和社会职能。在公共领域引入市场竞争，有利于改善公共服务，提高运行效率。

经济职能是指政府为了国家经济的发展，对社会经济生活进行管理的职能。随着从计划经济体制向社会主义市场经济体制的转变，我国政府主要有三大经济职能，其中在提供公共产品和服务职能方面，通过引入市场机制可以提高效率、减少财政浪费和增加公共服务质量。同时，还要发挥市场自发形成的中介组织和企业组织的力量，承接政府职能转移，与政府一道共同承担提供公共产品的任务。这些既是推进国家治理现代化的重要途径，也是加快完善现代市场体系的重要举措。

文化职能是指政府为满足人民日益增长的文化生活需求，依法对文化事业所实施的管理，是加强社会主义精神文明，促进经济与社会协调发展的重要保障。政府的文化职能主要包括四类：发展教育、发展科技、发展文化事业和发展卫生体育。市场机制推动了各种文化生产要素的优化配置，通过运用供求机制、价格机制和竞争机制，促进文化生产要素合理流动，降低了政府履行文化职能的成本，增强了文化产品和服务的市场竞争力。通过市场化配置，使文化资源向社会效益与经济效益显著的文化生产部门集聚，确保一切创造财富的文化资源得以充分开发和有效利用，推动文化产业结构的优化升级。

社会公共服务职能，即指除政治、经济、文化职能以外政府必须承担的其他职能。当前，保护生态环境是政府的重要社会职能之一，在环境治理与环境保护方面，市场机制同政府机制一样仍然是一种重要的环境治理机制，是建设生态文明的重要方式。通过市场机制来解决环境问题的实质就是利用价格机制解决人类面临的环境问题，价格机制发挥作用的前提是产权的界定，通过环境资源的资本化运作，最终实现经济效益与社会效益的统一。利用市场的主要环境政策包括有：基于庇古税思想实施的环境政策工具有补贴削减、环境税费、使用者收费、押金—退款制度、有指标的补贴等；基于科斯定理思想而实施的主要工具有产权与地方分权、可交易许可证、排污权、国际补偿制度等。这些环境治理手段主要是以市场为基础，通过改变市场信号和经济行为主体的行为实施环境治理，但是也离不开政府的制度保障。在不断完善环境政策的同时，要加大环境资源交易市场的建设，该市场交易的对象不同于一般市场上的普通商品，而是环境资源的一系列产权，如排污权交易。[①]通过这样的制度安排，才能将外部成本内部化，进而实现国民财富在不同主体之间的合理分配。

---

① 黄万华，刘渝：市场机制在环境保护中的运行机理、条件、发展趋势及评价，《资源开发与市场》2014 年第 1 期。

第五章
完善初次分配机制

国民收入分配格局是否合理，直接关系到一个国家的经济发展和社会稳定。党的十八大报告指出，初次分配和再分配都要兼顾效率和公平，再分配更加注重公平。对于初次分配而言，迫切需要解决的是如何通过各类制度安排，在进一步提高经济发展效率的同时，更加注重社会公平正义，寻求效率与公平的最佳结合。

第一节　实施就业优先战略　促进就业机会公平

就业是民生之本。2013 年 5 月 14—15 日习近平总书记在天津考察时强调："就业是民生之本，解决就业问题根本要靠发展。"2013 年 3 月 21 日李克强总理在主持召开新一届国务院第一次全体会议时指出，"不断改善民生，围绕保障基本民生，做到织好网、补短板、兜住底，让人民群众安心创业就业。"当前，就业中最为突出的问题是总量压力和结构性矛盾并存，需要解决的重点群体是高校毕业生和农民工。

一、我国就业整体状况及趋势

作为世界人口最多，劳动力数量最大的发展中国家，我国过去几十年在解决就业问题上取得了令世人瞩目的成绩。但是，在当前和今后较长时期内，劳动力供求总量矛盾和结构性矛盾、短期问题和长期矛盾相互叠加，农村富余劳动力转移压力、城镇就业压力以及高校毕业生就业压力交织的基本状况难以改变，促进劳动者充分就业的任务十分繁重。

（一）当前劳动力总量仍然过剩

我国劳动年龄人口规模庞大，劳动力资源充足。2012 年劳动年龄人口（15—59 岁）为 9.37 亿，出现了相当长时期里的第一次绝对下降，但在 2045 年前劳动年龄人口仍然保持在 8 亿以上，多于欧洲人口总和。2013 年我国第一产业就业人数为 2.42 亿人，占全国劳动力比重高达 31.4%。即使按照基于农村住户调查资料的研究，我国农业劳动力也仍有 1.9 亿，占全国劳动力比重仍然达到 20%。中国每年有 900 万左右的城镇登记失业人口，每年新增 1600 万的劳动人口，劳动力总量仍然是过剩的，实现充分就业任重道远。尽管我国经济继续保持平稳增长，但企稳回升的基础还不牢固，部分行业产能严重过剩，稳定现有岗位和进一步扩大就业面临较大压力。

（二）产业结构升级造成劳动力就业结构性矛盾

产业结构升级对劳动力需求数量和结构将产生长期影响，人才结构性短缺、招工难和就业难将长期并存。劳动力市场既面临一线普通工人招工难和技术工人严重短缺，也面临高校毕业生和城镇就业困难人员的就业难。特别是随着转型升级的加快，受产业需求变化和劳动力供给变化的共同作用，这一矛盾会更加突出。大学生就业是近年来最突出的就业问题。2014年我国高校毕业生人数高达724万，并且未来5年内将会保持在每年700万左右。他们大约占每年新增劳动力的一半左右，加上往届毕业后没有就业的，大学生的就业压力巨大。高校毕业生就业难的深层次原因：一是结构性矛盾，随着产业结构不断升级调整，高校的学科和专业设置难以适应快速变化的经济结构需求。二是人才培养质量相对下降。中国的高等教育由精英式转为大众化，上大学的门槛大大降低，部分大学生素质并不高，加上一些学校的软硬件投入跟不上快速发展的高等教育规模，导致学生的专业技能不足，就业创业能力不强。三是就业观念需要与时俱进。随着高等教育的普及，大学生已经不再是天之骄子，但部分大学生仍然放不下架子，不愿吃苦，对就业岗位十分挑剔；市场经济已经运行了很多年，但很多做父母的仍然期望子女到行政部门、事业单位和国有企业抱上个"金饭碗"或"银饭碗"，不想到民营企业就业和自己创业。城镇困难人员再就业难度大。城镇困难群众是弱势群体，面临就业难的实际困境。一是综合素质偏低。年龄偏大，文化素质不高，劳动技能低下，难以满足新形势下劳动就业的需求；二是就业观念陈旧，存在"等、靠、要"思想。内心里存在竞争的恐惧，一心只等、只靠政府安排就业。

（三）长期看劳动力供给下降的趋势已经形成，人口红利正在消失

从发展趋势来看，总抚养比呈上升趋势，未来劳动力占总人口的比重将会下降，劳动适龄人口数量将呈不断下降趋势。劳动适龄人口下降并不意味着同期劳动力供给会下降，因为老龄人口推迟退休、劳动参与率提高等因素都可以阻止劳动力供给的下降，但是从长期看，适龄劳动力数量下降必然会导致劳动力供给的减少。2012 年末，我国大陆 15—59 岁劳动年龄人口为 9.37 亿人，比上年末减少 345 万人，占总人口的 69.2%，比上年末下降 0.6 个百分点。这是相当长时期以来劳动年龄人口绝对数量的第一次下降。我国劳动年龄人口在比较长的一段时间，会逐渐减少（表 5—1）。

丰富的劳动力资源是过去 30 多年我国经济高速增长的重要源泉。但我国第一次和第二次婴儿潮时期出生的人群现在已进入或接近退休年龄，农村人口转移规模和速度开始下降，人口结构和劳动力供需形势开始变化。如上面的分析，我国劳动年龄人口正在逐渐减少。人口红利正在进入拐点时期，表现为近几年用工荒频现于东南沿海，并向中西部扩散，农民工中的

青壮年比例明显下降。用工成本增加，劳动力供给增速下降的趋势正在显现，劳动力低成本优势将逐步减弱，人口红利对经济增长的贡献度正在减少，并影响到国际竞争力，保持经济持续较快增长必须更多地依靠科技进步和全要素生产率提高。

表 5—1 中国劳动年龄人口（15—64 岁）预测

年份	联合国中方案	联合国低方案
2020	9.29	9.29
2025	9.08	9.08
2030	8.77	8.63
2035	8.43	8.09
2040	8.23	7.68
2045	7.88	7.13
2050	7.26	6.30

数据来源：《联合国世界人口展望 2012》*World Population Prospects: The 2012 Revision:* Department of Economic and Social Affairs Population Division，United Nations.

二、深入实施就业优先战略

深入实施就业优先战略是落实收入分配制度改革的重大举措。针对我国国情，一些学者早就提出，要重新审视经济发展战略和增长方式的选择，将扩大就业摆在经济社会发展更突出的位置，实施"就业优先"战略。也有学者明确提出宏观调控应坚持以就业为先，"经济增长"应排在"增加就业"和"稳定物价"之后。十八大提出要推动实现更高质量的就业，十八届三中全会提出要实现发展成果更多更公平惠及全体人民，健全促进就业创业体制机制。促进就业公平既是实现更高质量就业的内在要求，也是重要基础；既是提高经济效率的手段，也是促进社会公平正义的重要内容。

（一）各级政府应切实把稳定和扩大就业作为经济社会发展的优先目标，建立经济发展与扩大就业的联动机制

在继续实施更加积极的就业政策，多渠道、多方式增加就业岗位的同时，把促进就业公平放到更加突出的位置上来。促进经济发展和保障就业是经济运行的基本目标，经济发展理论和实践已经证明，经济发展与就业存在正相关关系。在我国，GDP 每增长 1 个百分点可以带动城镇 100 万左右的新增就业，近两年还有所提高，带动达到了 150 万人左右。在制定经济社会发展规划时，优先考虑扩大就业规模的需要，通过优化调整产业结构、提高服务业比重、稳定制造业就业比重、发展新兴产业和民营经济，创造更多就业岗位，扩大就业规模。健全政府促进就业目标责任制和就业工作协调机制，强化政府促进就业的责任。在充分发挥市场对劳动力资源配置决定性作用的同时，切实加强国家对劳动力资源配置的宏观调控，认真履行政府对就业公平的社会管理和公共服务职能。通过深化户籍制度改革，加快城镇化建设，统筹城乡和不同性别、不同地区、不同文化程度群体就业，努力做好对城镇新增劳动力、农村富余

转移劳动力和高校毕业生就业的指导和服务。同时，对大量使用农民工的企业，政府应制定专项财税优惠政策给予支持。

（二）更好地发挥政府职能，释放更大的就业空间

一是放松对部分知识密集型行业的管制。许多行业和部门对知识性高素质人才具有更大需求，比如邮电、交通、文化、教育、体育、广播电视电影等，但因其封闭性和垄断性，导致缺乏竞争压力、创新动力和人才需求活力。政府应较大程度地放宽这些行业的政策约束，减少人为限制，降低进入门槛，打破壁垒，从而释放出更大的吸纳能力。

二是简政放权，释放市场活力。新一届政府把加快职能转变和简政放权作为头等大事，大幅减少行政审批事项，2013年，李克强总理上任伊始就表示"要有壮士断腕的决心"将简政放权改革进行到底，要"言出必行，说到做到"，对现有1700余项行政审批事项"再削减1/3以上"。特别是工商登记改革，为企业松了绑，推动了作为吸纳就业主渠道的个体私营经济的蓬勃发展。中小企业是吸纳就业的主力军，截至2013年年底，全国共有私营企业1253.86万户，从业人员1.25亿人，与2012年相比分别增长了15.49%和10.62%；个体工商户4436.30万户，从业人员0.94亿人，比2012年分别增长了9.29%和9.30%。但我国中小企业仍面临着融资难、社会服务体系不健全、企业管理水平低、信息缺乏等问题。要在财政、金融信贷、税收等方面，增加优惠政策，缓解融资困难，加大财税扶

持力度，加快技术进步和结构调整，提供良好的外部政策，营造公平竞争的环境，保障中小企业健康、稳定、快速发展，从而为就业拓展更多需求空间。

三是完善就业市场体系。建立全国统一的就业市场体系，加强市场监管和调控，完善法律法规，保护各种就业权益。尽量减少劳动力市场的外部限制，充分发挥市场配置作用，消除不正当竞争，维护就业市场的公平公正。深化户籍制度、社会保障制度、住房制度和公共服务等方面的改革，增加对农村等欠发达地区的支持，逐步从根本上消除户口限制、城乡分割、公民权利不平等的制度障碍，降低人才流动成本和转换成本，鼓励学生到农村基层、西部就业。

四是鼓励大学生创业。大学生创业具有"倍增效应"。要进一步在"放宽市场准入条件"、"享受资金扶持政策"、"实行税费减免优惠"、"提供培训指导服务"等方面加大扶持力度。继续完善大学生创业服务体系，有计划有组织地举行相关学生创业项目与市场对接活动，多提供创业项目咨询、法律政策咨询、小额贷款、代办手续等"一条龙"服务，帮助大学生创业者将科技发明、专利等逐步转化为市场可接受的创业项目。汇聚多方力量，建设不同类型、规模、层次的创业孵化园区或创业实践基地，满足各类大学生创业实践需求。

（三）通过产业结构升级扩大就业

解决就业问题根本要靠发展。产业结构的升级对扩大就业和缩小收入差距有积极的作用。产业结构升级将使更多的高素质人才有用武之地，在提高产业增加值的同时增加对高素质人才的吸纳能力。当前我国大学生就业存在两大突出问题，一是就业难；二是就业质量低。北京大学市场与媒介研究中心发布的一份调查显示，2014年新就业大学生的平均月薪只有2400元左右，呈逐年下降走势，四成大学毕业生还在"啃老"。[①] 大学生就业难问题的解决和就业质量的提高根本上要靠产业结构调整和升级。高校毕业生是新兴产业发展的骨干力量，是经济转型升级的生力军。因此，要加快产业转型升级，加大对传统制造业的政策引导，让有一定规模的企业设立技术研发中心，使其逐渐从产业链低端的制造加工环节向研发、营销等高端环节延伸，以自主创新带动整个产业的技术水平，促进其向现代制造业的转型升级。大力发展战略性新兴产业、先进制造业、现代服务业等科技含量高、最能发挥大学生知识技术专长的产业，使产业增长点与就业增长点有机融合。

（四）提高大学生素质，改善就业供给

1. 调整教育结构，提高大学生核心竞争力。一方面，要树立现代的、科学的教育理念，用先进的教育观、质量观、人才观统领和指导教育教学活动。改变过去只重培养、不问来路和去向的陈旧办学思维模式，确立"就业、培养、招生"三者良

---

① 大学毕业，你月薪多少，《人民日报》2014年9月5日，第18版。

性互动办学思想。要明确办学定位，理清办学思路，不断优化学科布局、专业设置、课程体系和人才培养方案，深化教育教学改革，实施内涵式发展，不以规模换质量，坚持走"规模、结构、质量、效益"四位一体、协调发展之路。另一方面，坚持开放办学，深入开展校企合作、校地合作，积极引进社会资源嵌入高等教育，探索人才培养的不同模式，立足本地经济社会发展和自身办学实际，走特色办学之路。强化实践教学环节和动手能力、通识能力培养，不断提高大学生的综合素质、核心竞争力和职业转换能力。

2.加强就业指导，提升大学生就业竞争力。就业教育与指导，包括就业观念的树立和就业能力的培养，是提升大学生就业竞争力的一种重要手段。加强就业指导，强化就业技巧的训练，加强就业指导中心建设，构建以提高大学生就业能力为导向的就业指导服务体系。继续开展大学生职业生涯规划教育，引导学生及早做好职业规划，为未来就业做好各种准备。采取更有针对性的激励政策，鼓励高校毕业生到中西部地区、中小企业、基层生产服务第一线工作。实施大学生就业促进计划和大学生创新引领计划，不断加强帮扶和服务工作。

3.深化创业教育，引导大学生自主创业。高校应逐步将创业教育纳入学校人才培养的全过程，设置创业教育类必修学分，充分整合课堂教学、课外竞赛等实践活动以及社会各类资源，构建创业教育"内容、课程、管理、师资"四个子系统，分层次分步骤进行创业知识普及、创业意识激发、创业过程体验、创业项目实践，鼓励引导大学生自主创业。条件允许的高校，可设立创业基金，提供部分创业资金，建立创业项目开发与孵化基地，为大学生创业实践提供条件和环境。积极发展与社会各界，包括各种科技园、开发区、风投机构、创业协会等的广泛联系，逐渐构建成一个大学、企业、社区良性互动的创业教育体系。

（五）强化企业的就业责任

一直以来，很多企业认为办教育、培养人是政府的事情，是高校的责任，和自身关系不大，从而缺乏参与教育的积极性和主动性。事实上，企业不仅是人才供给的受益者，同时也是就业岗位的拓展者。企业应站位全局，着眼长远，正确看待和对待教育工作与人才培养，改变那种"只顾摘桃子，不浇水施肥"的狭隘认识和不良做法，变被动招聘、吸纳人才为主动参与培养、积极储备人才。

从企业自身发展来看，协助高校培养社会需求人才，协助政府解决大学生就业问题，有利于企业自身吸纳高素质人才，提高综合竞争力，所以企业应该分担社会责任，为大学生就业提供一定的培训，传播企业文化和用人理念；可以和自身专业相关度较高的院校，建立长期的校企合作关系，在资金、场地、人员方面为高校提供各种资源，协助高校培养"适合、匹配、实用"的复合型人才，增强大学生的就业竞争力，增加对企业的归属感和满意度，实现互惠共赢、同向发展。

三、促进就业公平，维护社会公平正义

多年来，我国坚持把促进就业放在经济社会发展优先位置，实行积极就业政策，就业规模不断扩大，就业形势保持稳定。但与此同时，就业不公平甚至就业歧视现象普遍存在，在一定程度上影响了全社会就业质量的提高和社会公平正义的实现。

（一）当前我国就业不公平的主要表现

目前，我国就业不公平主要表现为针对劳动者不同社会身份、不同用工形式、不同性别而发生的就业歧视，受影响最大的群体是农民工、劳务派遣工和女职工。

一是对农民工差别对待问题长期存在。农民工大多从事第二、三产业中技术含量和附加值低、劳动强度大、时间长、环境差的工作。很多出口导向型制造企业实行最低工资＋加班工资薪酬制度和"黑白班"工时制度，农民工靠加班增加收入。拖欠农民工工资现象屡禁不止。农民工养老、医疗、住房、子女教育等基本保障难以落到实处。

二是劳务派遣工同工不同酬现象突出。我国约有劳务派遣工3700万人，国有企业是使用劳务派遣工的主体，即使在垄断性国有企业，他们的工资也普遍较低，且不享有企业年金、住房补贴等待遇。滥用劳务派遣用工形式，使得低收入、不稳定的非正规就业大幅增多，降低了全社会就业质量。

三是女性就业难问题较为普遍。性别歧视不仅体现在一般文化程度女性身上，不少高学历女性也受到就业歧视。有些用人单位或雇主在招聘时明确"只限男性"或"男性优先"。全国妇联研究所研究报告显示，全部城镇职工中，1980年女职工平均工资为男职工的78.6%，2012年则下降为56.7%。

四是因年龄、学历、工作经验等因素产生的歧视大量存在。"拼爹"、"吃空饷"、"岗位世袭"、"萝卜招聘"等等时有发生，无疑是影响就业公平的毒瘤。招聘不公，很多时候还表现在或明或暗的"学历歧视"上。一些国有企业、机关事业单位常常把成功招聘到多少名校、高学历学生，作为单位人才队伍建设的重要政绩，用于装点门面。至于这样能不能人尽其才、是否存在人才浪费，则不考虑。显然，简单用学校、学历判断一个人是否适合工作岗位，无疑是在制造另一种不公。

（二）确保就业公平，共享人生出彩机会

赋予每个人公平的就业机会，既是实现个人价值的需要，也是社会公平的应有之义。就业公平是指劳动者享有平等的就业权利和就业机会。即：一是劳动者享有平等的就业权利；二是劳动者享有平等的就业机会。要确保就业公平，让大多数年轻人"共享人生出彩机会"，就必须把招聘放在一个更公开、公平、透明的环境下接受审视。国务院要求国有单位招聘做到信息公开、过程公开、结果公开，就是要从机制上打破目前国企招聘不公开、难透明的困局，这无疑是消除各种就业不公与歧视的重要一步。公平就业作为基本方向有必要继续全面推进。

首先，完善维护就业公平的法律体系和保障机制，为实现公平就业营造良好的法治环境。认真贯彻落实《劳动法》、《劳动合同法》和《劳动争议调解仲裁法》，并通过修订整合相关法规，出台《公平就业法》，全面清理地方和部门的就业政策文件，撤销违反公平就业原则、法律的歧视性规定。研究制定规范劳动时间、避免长时间连续劳动和超时加班的法规细则。对实现同工同酬的操作性障碍进行重点研究，提升收入分配管理层次，着手制定《收入分配法》，加强同工同酬法律约束。推进集体合同制度，发挥三方机制作用，加强以集体协商为主要形式的劳动关系自我协调机制建设。健全劳动监察体制，加大执法力度。完善劳动争议调解仲裁机制，加强对涉及就业歧视案件的处理。

其次，完善城乡统一的就业政策体系。清理和取缔各种针对农村劳动力进城就业的歧视性规定和不合理限制，不得在城镇就业岗位的招录条件和招录范围中设置针对劳动者户籍和来源地要求。城市就业岗位的招录应以"公开、平等、竞争、择优"为原则，凡属于中华人民共和国合法公民，且符合报名条件，都具有应聘岗位的资格。尊重用人单位自主用工权利，凡是有就业意愿，农村劳动者与城镇劳动者享有公平、公开、公正的市场竞争环境，形成促进农村富余人力资源转移就业的市场机制。完善城乡互通的政府公共就业服务信息网络，建立政府对外来农民工的就业指导信息发布制度，建立外来农民工就业信息平台，加强对劳务供需双方的信息收集、分析、归纳，并定期发布。推进市域网向乡镇、行政村延伸，为用工单位和农民工择业提供技术支持和信息服务。推进各省市区间公共就业服务机构之间的信息对接和信息共享，建立农村劳动力供求信息预警和指导工资发布制度。鼓励公共就业服务机构和社会各界开展广泛合作，联合建立公共就业信息服务平台，借助现代通信、呼叫中心、互联网技术等，创新就业服务方式。

再次，公平就业应该在制度实施和操作上进一步强化，避免仅仅停留在原则和指导层面。招聘过程中的公开和公正应该做到实处，消除就业壁垒和不正当竞争。公平就业的实施范围应该继续扩大，除了国有企业之外，全国100多万家各类事业单位也有必要完善制度和规则，在人才招聘和引进中确保公平。更长远地看，公平就业要落实到"入口"和"出口"。除了进人招聘阶段，在人员退出方面同样要贯彻，有必要建立一套公平竞争的良性竞争淘汰机制，保障人才可以自由进出，避免由于岗位编制问题阻碍人才流动性。若每一个岗位都相当于占了一个坑，那么，新进入劳动力市场的就业者自然会面临越来越严峻的就业压力。人力资源必须要在充分的自由流动中才能提升其价值，也才能为国家和社会创造更多的价值。

第二节　提高劳动者职业技能

国与国的竞争最根本的是人口素质的竞争。谁拥有高素质的劳动者，谁就能走在发展的前列。改革开放 30 多年来，我国劳动者平均受教育程度大幅提升，职业技能也不断增强。联合国贸易和发展会议在其发布的《2012 世界投资报告》中指出，大量的熟练工人和高技术人才，以及完备的产业基础正成为中国新的综合优势。可见，劳动力的职业素质已成为我国未来发展的竞争优势。

一、我国劳动者素质有待提高

我国劳动者素质不高不仅制约了经济结构的战略性调整和现代化进程的推进，而且影响了劳动者的就业能力，增加了就业困难群体的数量。

（一）受教育程度低，凸显我国劳动力整体素质比较低

我国劳动力整体教育水平还比较低，与发达国家的劳动年龄人口人均受教育年限上存在较大差距。根据《国家中长期教育改革和发展规划纲要（2010—2020 年）》公布的数据，2009年、2015 年、2020 年，我国高等教育在学总人数分别为 2979万、3350 万、3550 万人。其中，在校生分别为 2826 万、3080

万、3300 万。与此对应的入学率分别为 24.2%、36%、40%。到 2015 年我国的高等教育入学率将由 2009 年的 24.2% 提高到了 36%；而之后 5 年将进入缓慢增长期，从 2015 年到 2020 年仅从 36% 提高 4 个百分点，达到 40%。而部分 OECD 国家高等教育入学率在 2007 年平均已达 57.6%，具体如表 5—2 所示。

表 5—2 部分 OECD 国家高等教育入学率

	2003	2004	2005	2006	2007
澳大利亚	68	70	82	84	86
奥地利	34	37	37	40	42
比利时	33	34	33	29	30
丹麦	57	55	57	59	57
芬兰	73	73	73	76	71
德国	36	37	36	35	34
意大利	54	55	56	55	53
日本	43	42	44	45	46
韩国	47	49	51	59	61
荷兰	52	56	59	58	60
新西兰	107	86	79	72	76
挪威	75	72	76	67	66
瑞典	80	79	76	76	73
瑞士	38	38	37	38	39
英国	48	52	51	57	55
美国	63	63	64	64	65
平均值					57.6%

资料来源：OECD Factbook 2010。

　　与此对应的是我国从业人员中受过高等教育的比例只有 6.6%，与部分 OECD 国家相比，还有不小差距，如表 5—3 所示。2011 年我国每 100 劳动年龄人口中大专以上人数只有 11.3 人，远低于美国 61 人、俄罗斯 54 人、日本 41 人和韩国 35 人等许多国家。① 另外，美国劳动年龄人口受教育年限从 11.04 年提高到 13.63 年，用了大约 41 年。我国从小学水平 6.04 年提升到初中水平，也用了大约 30 年。按照目前教育普及的速度，我国要赶上日本、美国 2005 年时的水平，保守估计还分别需要 30 年、40 年以上。

表 5—3　部分 OECD 国家 25—64 岁人口中受高等教育比例（%）

	2002	2003	2004	2005	2006
澳大利亚	30.8	31.3	30.8	31.7	33.0
奥地利	14.5	14.5	18.3	17.8	17.6
比利时	28.1	29.0	30.4	31.0	31.8
丹麦	29.6	31.9	32.9	33.5	34.7
芬兰	32.6	33.3	34.2	34.6	35.1
德国	23.4	24.0	24.9	24.6	23.9
意大利	10.4	10.5	11.6	12.2	12.9
日本	36.6	37.4	38.7	39.9	40.5
韩国	26.0	29.5	30.5	31.6	32.9
荷兰	25.0	27.5	29.5	30.1	30.2

① 科技部发展规划司：《科技统计报告—2011 年我国科技人力资源发展状况分析》，第 19 期（总第 534 期）2012 年 12 月 1 日 http://www.sts.org.cn/tjbg/zhqk/documents/2012/20130328.htm。

续表

	2002	2003	2004	2005	2006
新西兰	30.8	32.3	35.6	39.4	38.3
挪威	31.0	31.0	31.8	32.7	32.9
瑞典	32.6	33.4	34.5	29.6	30.5
瑞士	25.4	26.9	28.1	28.8	29.9
英国	26.9	28.0	29.2	29.6	30.5
美国	38.1	38.4	39.1	39.0	39.5

资料来源：OECD Factbook 2009。

即使是属于现代服务业的一些行业，受过高等教育的比例也不是很高，如表 5—4 所示。

表 5—4 2012 年全国部分行业就业人员受教育程度（%）

文化程度	总计	农林牧渔	制造	交通运输、仓储与邮政	信息传输、软件和信息技术服务业	批发零售	金融	科学研究和技术服务业
未上过学	2.0	4.3	0.7	0.2	0.3	0.6	0.2	0.2
小学	19.0	35.5	9.9	7.7	7.2	8.0	2.6	2.6
初中	48.3	53.3	53.0	51.4	39.2	47.3	19.8	17.8
高中	17.1	6.3	23.6	26.3	25.8	29.2	23.4	21.1
专科	8.0	0.6	8.6	9.3	14.3	10.7	28.3	23.6
本科	5.2	0.11	3.8	4.8	11.9	4.1	23.4	26.4
研究生以上	0.5	0.01	0.4	0.2	1.3	0.2	2.3	8.3

资料来源：《中国人口与就业统计年鉴 2013》。

（二）高素质劳动力供给不足。

从事研究和开发的劳动者，是创新型的人才，是经济发展中最为稀缺的高素质劳动力。2011 年我国每万就业人口中 R&D 人员数量只有 37.7 人年，美国 136 人、日本 145 人、韩国 138 人和俄罗斯 119 人等，许多国家均数倍于我国。2011 年我国每万就业人口中 R&D 研究人员数量只有 17.2 人年，美国为 101 人、日本为 104 人、韩国为 109 人、俄罗斯为 63 人，差距较大，甚至低于其他一些发展中国家，例如土耳其为 27 人。只高于巴西的 14 人和印度的 5 人。R&D 人员中研究人员所占比重指标反映了一个国家研发人员队伍的质量。2011 年我国 R&D 研究人员占 R&D 人员总量的比重为 45.7%，发达国家这一指标普遍在 60% 以上。从 R&D 人员结构来看，企业 R&D 人员中投入试验发展的人员比重高达 98.5%，投入科学研究活动的人力比重只有 1.5%。① 企业是技术创新的主体，目前这种研发人力投入分布，严重制约了我国企业原始创新能力的提升。

目前，在我国劳动力市场上，高层次创新型人才和技术型人才都十分缺乏。按照人力资源和社会保障部发布的 2014 年第二季度《部分城市公共就业服务机构市场供求状况分析》看，中、高级技能人才和专业技术人才的用人需求在增长，技

---

① 科技部发展规划司：《科技统计报告—2011 年我国科技人力资源发展状况分析》，第 19 期（总 第 534 期）2012 年 12 月 1 日 http://www.sts.org.cn/tjbg/zhqk/documents/2012/20130328.htm。

师、高级技师、高级工程师、高级技能人员的缺口最大。从需求看，有 55.7% 的用人需求对技术等级或职称有明确要求，对技术等级有要求的占 36.6%，对职称有要求的占 19.1%。从供给看，有 58.1% 的求职者具有一定技术等级或职称，具有职业资格证书的占 38.8%，具有职称的占 19.3%。从供求对比看，各技术等级的岗位空缺与求职人数的比率均大于 1，劳动力需求大于供给。其中，高级工程师、高级技师、技师、工程师的岗位空缺与求职人数的比率较大，分别为 1.95、1.78、1.68、1.64。随着经济结构转型的加快和产业结构的升级，技术工人的缺口将进一步加大。

从技能劳动者结构来看，我国高技能劳动力占技能劳动力 5%，中等技能劳动力占 35%，初级技能劳动力占 60%，而发达国家则不同，高技能劳动力占 35%，中等技能劳动力占 50%，初级技能劳动力占 15%。这种状况说明，我国技能劳动力的技术水平和能力不高，中高级技能人才十分短缺。[1] 3.21 亿职工中，技术工人仅占 15.1%，专业技术人员占 14.4%，两者合计不足职工总数的三分之一，与美国、日本发达国家相差甚远。同时，不仅高级技师所占职工总数的比例减小，仅为 10% 左右，而且无等级工、初级工、中级工、高级工、技师、高级技师，由高到低，比例差距甚大，职工队伍呈"金字塔型"，与

---

[1] 杨嵘、王莹：《我国高级技能人才人力资本开发问题与对策》，《理论导刊》2008 年第 6 期。

发达国家"橄榄型"的职工队伍技能结构，即：高级工以上占 35%—40%，中级工占 45%—50%，初级工和无等级工仅占 10% 以下，截然不同。这表明我国职工队伍中技术技能人员总量较少、素质普遍偏低、结构失衡、分布不均、高中级技工短缺，已对经济社会全面发展产生不利影响。对此，必须引起足够的重视。

（三）教育结构与创新所需人才结构不匹配

低工资的收入分配结构开始向学历型人才市场蔓延，造成中高端人才的"过度教育"和人力资本投入的"短期浪费"。大学生就业难的部分原因是教育培养体系与我国产业结构的不匹配，企业缺乏工艺人才、高级技工。连续几年的"民工荒"也凸显了这一矛盾。发达国家发展经济的成功经验之一是由教育部门向社会源源不断地输送高等应用型人才，换言之，具有强大综合国力的国家无不以其雄厚的高等教育为依托，应用型人才的培养起着不可替代的重要作用。纵观世界各国高等职业教育发展状况，德国高等职业教育无疑是一个成功的范例。德国的教育体系以传播技术为导向，强调在几乎所有的教育层次上开展广泛的技术培训。第二次世界大战之后德国经济的复苏和腾飞很大程度上就应归功于职业教育。高等职业教育被称为是德国经济发展的秘密武器，在德国的经济发展和经济结构调整中发挥了极其重要的作用。德国制造的产品以其性能优异、质量上乘而闻名，享有盛誉。无论是第一、第二还是第三产业，都强调职业教育，重视职业教育。这一点值得我国学习和借鉴。

二、提高劳动者受教育年限，全面提高劳动者素质

根据上面的分析，可以发现，我国劳动者平均受教育年限与发达国家还有差距。因此，要全面提高劳动者的素质，提高劳动者的受教育年限应是必要选择。《国家中长期教育改革和发展规划纲要（2010—2020年）》指出，到2020年，我国新增劳动力平均受教育年限从12.4年提高到13.5年；主要劳动年龄人口平均受教育年限从9.5年提高到11.2年，其中接受高等教育的比例为20%以上。要实现这一战略目标，可以考虑将9年义务教育延伸到12年义务教育，即在全国逐步普及高中教育。普及12年义务教育，不仅能全面提高劳动者素质，而且可以推迟劳动者初次就业年龄，延缓就业压力。根据《中华人民共和国劳动法》、《中华人民共和国劳动合同法》、《中华人民共和国就业促进法》以及相关的法律法规规定：我国的法定劳动年龄指有劳动能力的中国公民，年满16周岁至退休年龄。我国劳动者的初次就业年龄为16周岁，意味着刚刚完成9年义务教育的青少年很快进入劳动力市场。而这个年龄不利于劳动者提高职业素质和发展身心健康。如果普及12年义务教育，则意味着不仅劳动者初次就业时素质提高，而且劳动者初次就业年龄可以提高到18岁，每年可以减少大量低素质劳动力的

供给，将大大减轻政府安置就业的压力。

三、加快发展职业教育

2014 年 6 月，国务院召开了全国职业教育工作会议，习近平总书记作出重要批示。习近平总书记强调，职业教育是国民教育体系和人力资源开发的重要组成部分，是广大青年打开成功成才大门的重要途径，肩负着培养多样化人才、传承技术技能、促进就业创业的重要职责，必须高度重视、加快发展。

近年来，我国职业教育规模不断扩大，质量与水平也在不断提升，以政府为主导，企业为主体，社会各方参与的职业教育培训格局初步形成，为培养一大批知识型、技术型、创新型高素质人才奠定了坚实基础，但也存在着很多困难和问题：投入不足；教育内容与岗位需求脱节；理论教学与操作实训脱节；等等。

随着经济结构的调整，新产业、新业态、新产品纷纷涌现。对技能人才将产生更大需求。有效的技能培训是促进就业的重要基础，高水平的技能培训是实现高质量就业的前提。长期来看，我国就业结构性矛盾越来越突出，迫切要求加强职业技能培训，用更高质量的职业教育培训来促进实现更高质量的就业。

（一）保护劳动者享受职业教育的权利

党的十八届三中全会提出了"构建劳动者终身职业培训体

系"，为未来职业培训体系的建设确立了目标。我国《宪法》规定对就业前的公民进行必要的劳动就业训练，并没有确认劳动者享有终身职业教育权利。《劳动法》只是规定劳动者享有接受职业技能培训的权利，没有明确劳动者享受职业教育权利的范围。劳动法规定，用人单位应按国家规定提取和使用职工教育培训经费，但是在法律责任方面，对企业不提取或不按规定使用经费等的处罚没有明确规定。

　　我国职业教育体系主要分为两个层级：职业学校教育和职业培训教育。从教育形式上看，我国职业教育主要包括职业学校教育、职业培训和民间学徒制三种。职业教育学生毕业后，将直接进入社会就业，缺乏继续接受普通高等教育的机会，可能导致其难以通过继续学习和深造来改变其社会处境。高等职业教育则只相当于普通高等教育的专科水平，教育机会显著不平等。因此，由于职业教育层级较低，与普通教育体系不能贯通，劳动者很难在就业后，获得终身职业教育的机会，从而使其难以获得改善自身能力的平等机会与权利。

　　要突破我国劳动者职业教育权利保障困局，借鉴国际经验，针对我国现行制度症结进行制度创新：首先，我国应借鉴德国经验，在修订我国《职业教育法》和《劳动法》的相关内容时，明确用人单位在职业培训体系中的主体地位和基本职责，通过政府监督、合同管理和劳资协商，切实保障和落实劳动者在职培训的基本权利。在德国的"双元制"教育中，企业承担了大部分培训经费和主要责任，学生在企业受训的时间要双倍甚至更多于在职业学校学习的时间，企业是实施职业教育最重要的场所，学生在企业里的身份是学徒，而且日后不影响其就读普通高等学校的机会，这种体制值得我们借鉴。其次，为落实我国职业教育经费的筹集并加强经费管理，可以考虑借鉴英国经验，由劳动保障部门会同中华全国总工会，按照行业类别建立职业培训管理机构，统筹征缴和管理企业的职业培训经费，强化企业支付职业培训经费的法律责任。最后，应当借鉴美、日经验，确立我国职业教育体制的终身培训理念，建立满足不同类型劳动者的多样化职业训练需求的职业教育体系，通过立法协调促进企业、政府与社会合作办学并公平保障各主体的权利，形成一整套有利于推进职业教育现代化的法律制度体系。

（二）高度重视高技能人才的培训和管理

按照《国家中长期人才发展规划纲要2010—2020》的要求，到2020年，我国高技能人才总量达到3900万人，其中技师、高级技师达到1000万人。为此，要把高技能人才工作放在首位，需要重点抓好两个方面：一要深入调研高技能人才需求结构，提高人才培养和培训的针对性和有效性。目前，我国高技能人才总量不足是不争的事实，但要解决总量问题必须建立在科学把握需求结构的基础上，必须突出重点，优先培养急需紧缺的高技能人才，这就需要我们深入研究高技能人才需求现状，弄清到底哪些行业急需，哪些职业紧缺。同时，要对我国未来高技能人才需求情况进行前瞻性研究。只有把握我国高技能人才需求状况和发展趋势，才能提高培训工作的针对性和有效性，避免资源浪费和人才浪费。二要创新评价考核模式，拓宽高技能人才成长渠道。要落实既定的高技能人才培养目标，职业技能鉴定工作必须积极配合国家高技能人才振兴计划的实施，创新评价考核模式，打破年龄、资历、身份、比例界限，不拘一格地开展高技能人才评价考核工作。高技能人才成长在企业，使用也在企业，因此要大力提倡岗位成才，在企业中积极推广结合企业岗位实际的高技能人才评价模式，重点关注岗位工作能力和工作业绩。要注重从生产服务一线中发现拔尖技能人才，鼓励技能精湛、能够解决生产中高难度技术问题、有绝招绝技并取得显著实际效益的技能劳动者破格参加技师、高级技师考评。对于符合条件的后备高技能人才、在岗工作多年并具有相应技能水平的骨干职工，要及时组织鉴定。职业技能竞赛是一种特殊形式的技能鉴定，要充分发挥技能竞赛的积极作用，选择技术含量高、通用性广、从业人员多、社会影响大的职业广泛开展多层次的技能竞赛，对各级各类职业技能竞赛培养选拔出的优秀技能人才，按规定直接予以晋升或优先安排参加技师、高级技师考评。要鼓励符合条件的广大技能劳动者积极参加高技能人才的社会化鉴定，为高技能人才参加鉴定提供便捷的服务。

加大以高层次人才和高技能人才为重点的各级人才队伍建设力度。一要加大对公立中高级职业院校的经费投入；二要加大对自收自支的社会培训机构的支持力度；三要加大公共实训基地建设，让公共实训基地成为政府为企业、院校和社会培训机构提供高水平装备和优质资源的平台。在实地培训设备利用上，要坚持无偿性与有偿性相结合，一方面向职业院校开展免费实地培训服务，另一方面向其它对象开展有偿实地培训服务，并力争使公共实训基地兼具技能竞赛基地、师资培训基地、学术交流基地等延伸功能。

第三节　提高劳动报酬
促进中低收入职工工资合理增长

党的十八大报告指出，发展成果由人民共享，必须深化收入分配制度改革，努力实现居民收入增长和经济发展同步、劳动报酬增长和劳动生产率提高同步，提高居民收入在国民收入分配中的比重，提高劳动报酬在初次分配中的比重。

提高劳动报酬比重同时，还需合理地分配劳动报酬在不同群体之间的分配，否则收入分配的差距不但没有缩小，还会进一步拉大。从劳动力市场供求关系看，我国劳动力市场仍处于供大于求的阶段，资强劳弱的整体格局没有发生根本改观，工会组织力量薄弱和工资集体协商建设推进缓慢，对于提高收入分配份额没有发挥应有的作用。在初次分配改革中，通过市场手段使劳动报酬增长水平和企业利润增长同步，同时政府部门要及时调整分配政策导向，使用好国有企业工资总额调控、制定工资指导线和最低工资标准等调控工具。在未来劳动报酬占比提高的前提下，把增量用来调整收入分配关系，让低收入群体能够较多地增加劳动收入，中等收入者合理增加，而让不合理的高收入者受到控制，才会遏制并逐步扭转收入分配状况的继续恶化。

一、提高最低工资标准

按照我国 2013 年颁布的《最低工资规定》的要求，最低工资标准一般包括月最低工资标准和小时最低工资标准两种形式。月最低工资标准适用于全日制就业劳动者，小时最低工资标准适用于非全日制就业劳动者。各地区的最低工资标准每两年至少要调整一次。根据《深化收入分配制度改革的若干意见》，到 2015 年绝大多数地区最低工资标准要达到当地城镇从业人员平均工资的 40% 以上。目前，各地正朝着这一目标稳步迈进。人力资源和社会保障部公布的数据显示，2011 年全国有 24 个省份调整了最低工资标准，平均增幅 22%；2012 年有 25 个省份调整最低工资标准，平均增幅 20.2%；2013 年全国有 27 个地区调整了最低工资标准，平均调增幅度为 17%。2014 年各地又陆续调整了最低工资标准。未来仍应根据经济发展、物价水平等因素不断调整最低工资标准，构建工资正常增长机制，从而不断提高劳动者的收入水平，维护社会公平正义。

二、促进中小企业发展

要高度重视中小企业发展，要看到它们在解决社会就业与改善民生问题上不可或缺的重要作用。在我国，中小企业就业的职工数量占全部就业人数的绝大多数，6万多家中小企业提供了全国70%左右的就业岗位。因此，中小企业员工的工资增长问题，直接关系到城乡居民收入和社会稳定。

但多数中小企业在市场竞争中仍处于弱势，如果在政策和资源配置上不给予特殊优惠，生存和发展将非常困难。因此，支持中小企业，政府还要下更大功夫，特别是财政、税务等部门要下大力气把生产要素和政策要素更多地集中到中小企业上来，让中小企业蓬勃发展、中小企业员工快速富裕。不能把中小企业当作税收的主要来源，要下决心为中小企业特别是小型、微型企业减税减费，进一步减轻中小企业负担，增强其发展后劲，使其留出更多利润空间用于员工加薪。

三、推进工资集体协商机制建设

建立工资集体协商机制是市场经济条件下保证工资增长的根本途径。工资集体谈判制度的不完善导致普通劳动者收入形成过程没有保障。我国的集体谈判大都是在上级组织的推动下启动运行的。这种方式构建起来的集体合同制度，很难看到职工的诉求表达与愿望，更谈不到职工主体的直接参与，其实际意义有限。我国的工资集体谈判机制尚未真正建立，原因包括：第一，雇主和劳动者的组织化程度仍然比较低。第二，工会的组织形式和职能存在很多错位现象，各级工会实质上成为政府主导的半官方组织，其职能仅限于调解劳资矛盾，而开展工资谈判的职能遭到忽视，从而不能在工资谈判中保护劳动者的利益，工资谈判制度变成一纸空文或流于形式。第三，集体谈判制度本身很不完善，约束力不强。因此，面对企业开出的工资，劳动者只能作为劳动力市场上的单一个体被动接受，从而导致私营部门的从业者工资处于较低水平。

集体协商需要注意三点：一是工资由劳资双方共同决定；二是要通过协调谈判的方式；三是协商谈判是工人集体劳动权利的具体实施。为此，首先，要对企业规模小、分散、企业内劳资双方组织建设难以到位的行业，促进建立区域性、行业性业主组织和工会组织，开展区域性、行业性工资集体协商。其次，对于切实开展工资集体协商、建立了工资决定机制的企业，进行适当激励，给予一定税收优惠。最后，通过协商形式，在有条件的中小企业推行劳动股权制，实现盈利的企业可将一部分利润，采用按劳分红的办法进行分配，使劳动者有更多途径分享企业收益。

第四节　完善机关和事业单位工资制度

公务员和公益性事业单位工作人员的工资收入属于二次分配。由于公务员身份的特殊性，公务员工资历来是一个十分敏感的话题。近几年来，随着一些地方实行阳光工资，公务员工资更是受到各界的关注。我国公务员基本工资在经历 1985 年和 1993 年的工资改革后，又先后经历了五次较为重大的调整，目前实行的基本工资制度是根据 2003 年国务院办公厅确定的标准。

《事业单位人事管理条例》（以下简称《条例》）作为我国第一部系统规范事业单位人事管理的行政法规，已于 2014 年 7 月 1 日起施行。该条例确立了事业单位人事管理的基本制度，在社会保险、工资收入等方面的相关规定呈现出诸多改革亮点。

一、公务员工资正常增长机制是完善收入分配制度的需要

公务员工资制度是我国收入分配制度的重要组成部分。现行公务员工资制度依然存在若干问题，主要表现为两个方面：一是整体而言，公务员的工资水平与其他组织员工的工资水

平相比偏低，需要考虑合理适当地提高公务员工资水平，吸引优秀人才，同时提高公务员队伍的稳定性；二是内部分配不公平，工资体系中"平均主义"严重，各个工资等级差异不大，职位价值和职责复杂性程度难以体现。工资的激励机制对于调动公务员工作积极性的作用明显不够，是造成公务员队伍中"庸、懒、散、慢"等不良风气的重要诱因。目前，我国公务员工资正常增长机制尚未构建，理论界关于构建公务员工资正常增长机制的理念及制度设计的研究还较为有限。探讨公务员工资正常增长机制的构建，可以从理论层面完善我国收入分配制度。从现实层面看，2013年《国务院办公厅关于深化收入分配制度改革重点工作分工的通知》指出，要"建立公务员和企业相当人员工资水平调查比较制度，完善科学合理的职务与职级并行制度，适当提高基层公务员工资水平"。2014年3月国家公务员局相关领导在接受采访时表示，公务员工资应该上涨，中央已责成有关部门调查研究。可见，研究公务员工资正常增长机制是完善收入分配制度的需要，也是贯彻落实国家相关政策法规的需要。

二、事业单位工资制度改革方向：激励与约束相结合的工资制度

《条例》规定，建立激励与约束相结合的事业单位工资制度。事业单位工作人员工资包括基本工资、绩效工资和津贴补

贴。事业单位工资分配应当结合不同行业事业单位特点，体现岗位职责、工作业绩、实际贡献等因素。事业单位及其工作人员依法参加社会保险，工作人员依法享受社会保险待遇。

《条例》也指出要建立事业单位工作人员工资的正常增长机制。事业单位工作人员的工资水平应当与国民经济发展相协调、与社会进步相适应。正常的增长机制就是跟国民经济社会发展、社会可比人员的工资水平及其变动以及物价的变动等情况来安排事业单位工作人员收入的增长，让事业单位的工作人员能够共享国民经济社会发展的成果，同时使他们的收入与其所提供的公益性服务、绩效的好差挂钩，得到其应得的劳动报酬。

三、机关和事业单位工资正常增长机制难点：工资调查制度

按照通行的做法，公务员、事业单位工作人员工资增长应当参照全社会企业平均工资增长的水平来确定。我国《公务员法》明确规定，我国实行企业工资调查制度，以企业工资增长作为公务员工资增长的参照系。但目前有关法律规定的政策尚没有实施和执行。我国 2006 年颁布实施的《公务员法》中第一七十五条规定，"公务员的薪酬水平应与国民经济发展相协调，与社会进步相适应"；第七十五条第二款规定，"国家实行工资调查制度，定期进行公务员和企业相当人员工资水平的

调查比较，并将工资调查比较结果作为调整公务员工资水平的依据"这两个条款在实践中作为指导公务员工资制度调整的依据，为改善我国公务员薪酬制度指明了方向。为了解决现行公务员工资制度中存在的问题，完善公务员工资水平调整机制，与工资调查制度直接相关的制度建设包括应如下几个方面：

（一）公务员和事业单位工作人员工资调查法律体系建设

一些发达国家的工资调查制度是以宪法为依据，以公务员法为基础，以工资法等其他单项法律和行政法规为重要组成部分，确保公务员、事业单位工作人员工资水平决定机制、工资水平调查程序有法可依。我国尚无专门立法，应该加快立法，使得公务员和事业单位工作人员的工资水平调查能够有章可循，依法推进。出台相关法律法规，将我国公务员和事业单位工作人员工资制度纳入法制化管理的轨道。以法律明确并保障公务员和事业单位工资水平符合整体社会经济发展水平；同时规范公务员和事业单位工作人员薪酬水平，杜绝"灰色收入"。总之，要在保障工资水平符合经济发展水平的基础上，又不丧失其公共服务性的本质，工资制度应当既体现外部公平性又满足内部激励性。

（二）完善工资等级确定机制，提高工资体系的透明度

一是要改变现行的职务工资制，即工资调整机制中根据职务高低决定工资水平的做法，而应将工资与工作岗位的职责、任务、要求等挂钩，发挥激励与约束作用。二是必须提高公务

员工资体系的透明度，并建立一个相对客观公正的工资调整标准。三是合理界定工资、津贴和福利在工资结构中的地位和功能。如德国公务员的工资结构中，基本工资占主导地位，津贴项目的发放与特殊岗位或特殊工时相联系，占收入中的比重很小，而福利解决的是公务员和事业单位工作人员的生活负担和社会保障等问题。我国公务员和事业单位工资结构中工资、津贴和福利相互交叉，各自地位和功能有待进一步明确。在优化工资结构的基础上，与规范津贴补贴工作相衔接，尽快制定并实施地区附加津贴制度。完善艰苦边远地区津贴制度，建立正常增长机制，切实保障和鼓励公务员到艰苦边远地区工作。在合理界定工资、津贴和福利在工资结构中的地位和功能的基础上开展工资水平调查，调查成果才可能准确完整，才有利于收入分配改革的稳步推进。

（三）设计科学实用的公务员和事业单位工作人员工资调查制度

可以借鉴美国、德国等发达国家公务员与企业职工工资比较经验，设计出一套科学实用的公务员和事业单位工作人员工资水平调查比较机制。以公务员工资调查制度为例，美国联邦政府的实践证明，采用公务员与企业职工工资比较是一套切实可行的制度。同时必须明确，美国政府公务员工资调整机制的顺利实行，建立在两大基础之上：一是完善的职位分类体系；二是科学有效的工资比较机制。其中前者不仅体现在公务员分类体系中，同时企业职位也有对应的标准化分类体系。目前我国有一套现行的职位分类体系，但是公务员的职位分类体系较为简单；而企业职工职位分类体系标准化程度不高，且在多年的实践中很少使用，已经无法满足时代的需求。因此，有必要结合现阶段我国的新形势对两套职位分类体系进行进一步优化，对于欠缺之处进行补充，对于过时之处进行更新。对于后者，则需要在充分研究我国国情的基础上，开发出实用且科学的方法，对公务员与企业职工工资水平进行调查、比较，将结果应用于公务员工资水平调整中。企业工资水平代表着社会工资水平，企业规模的选择，是公务员工资水平调查的重要环节。公务员工资水平调查可以利用全国经济普查数据库，在研究、论证的基础上，选择一定规模的企业进行比较。美国、日本是选择 50 人以上企业，韩国是选择 100 人以上企业，我国企业规模的选择，可在试点基础上最终确认。

第五节　健全资本、知识、技术、管理等由要素市场决定的报酬机制

　　财产性收入虽然在整个居民收入中所占比重很低，但它所造成的不平等状况不容忽视。我国的收入分配贫富差距问题，绝不能简单的理解为通过涨低收入者的工资就能解决，工资只是劳动成本补偿，它无法参与利润的分配；涨工资虽然能在一

定程度提高劳动收入在初次分配中的比例，但不能从根本上扭转收入差距扩大趋势。党的十八届三中全会决定指出，让一切劳动、知识、技术、管理、资本的活力竞相迸发，让一切创造社会财富的源泉充分涌流，让发展成果更多更公平地惠及全体人民。要形成合理有序的收入分配格局，要健全资本、知识、技术、管理等由要素市场决定的报酬机制。

生产要素是指在生产活动中，不可或缺的各种因素之总和。它们在有形和无形产品的创造中，各自发挥着特定的功能。生产要素按贡献参与分配，就是依据各生产要素在再生产过程中发挥的效能，对国民收入进行分配，每种生产要素的按照其在价值形成过程中的贡献参与分配。

一、生产要素按贡献参与分配

生产要素按贡献参与分配是由我国所有制的性质决定的，符合生产力发展对生产关系的要求。人类社会生产过程都是在一定的生产关系中采取一定的社会经济运行形式进行的，特定的生产关系和社会经济运行形式，决定着生产要素特定的社会性质和经济表现形式。我国社会主义市场经济以公有制为主，多种所有制经济共同发展，决定了所有的生产要素都是以商品形式存在的，生产要素的使用都是以价值形成和价值增殖为目的。从这个意义上讲，现阶段生产要素都具有资本的属性。我国目前尚处于社会主义初级阶段，生产力水平总的来说比较低，而且发展得很不平衡。这种不同层次的生产力，必然要求在生产关系中有多种所有制的经济形式和经营方式同它相适应。长期以来的实践表明，无所不包的单一公有制经济形式并不能适应社会生产和社会生活的全方位需要，因而非公有制经济的相应发展也就成为符合经济规律的客观要求。这也决定了我国必须建立以公有制为主体、多种所有制共同发展的基本经济制度。既然作为生产过程前提条件的要素归不同所有者所有，相应地，按投入于生产过程的生产要素的贡献进行分配，也就成为发展市场经济的题中应有之义。

二、资本分配：让人民享受更多的资本收益

党的十八届三中全会通过的《中共中央关于全面深化改革若干重大问题的决定》（以下简称《决定》）指出，"提高国有资本收益上缴公共财政比例，2020 年提到百分之三十，更多用于保障和改善民生。"当前，我国资本分配中主要存在的问题包括：（1）国有企业股权资本收益没有被全体国民合理分享。2007 年—2012 年，我国国有企业实现利润从 1.74 万亿元增加到 2.2 万亿元；中央企业上缴国有企业红利从 547.5 亿元增加到 950.4 亿元。上缴红利的比例有所提高，但上缴红利占利润比重平均只有 5.28%，非常低。（2）土地资本化的高额收益没有被公平分配。农村集体土地用途转变后的增值收益分配中，60%—70% 归政府所有，村经济组织获得 25%—30%，农民只

得到 5%—10%。（3）国有公共矿产资源资本化收益被部分人过度占有。我国矿产资源税和资源补偿费严重偏低，出让机制不健全，部分人以较低廉的成本占有了属于全民所有的矿产资源。目前，煤炭资源税、天然气资源税、石油资源税在市场价格的占比均偏低。出让机制不合理和过低的资源使用税导致国家分享的增值收益比例较低，国民享受到的收益更少。

（一）健全体制机制，让全民公平地享受国有资产收益

党的十八届三中全会提出，完善国有资本经营预算制度，提高国有资本收益上缴公共财政比例，2020 年提到 30%，更多用于保障和改善民生。要分阶段尽快落实兑现国有资本收益上缴比例。另外，可探索尝试向全民派发国有企业红利。组建国有资本运营公司，推进国有资产资本化，以此设立国家投资基金，并委托专业资产管理公司管理。

（二）公共资源按市场原则有偿使用，建立占用收益全民分享机制。

完善矿产、天然气、水资源有偿使用制度，建立统一的公共资源交易平台，形成各种市场主体公平取得和占用公共资源的机制。加快推进资源税改革步伐，建立反映市场供求、资源环境成本和利于资源节约的资源税体系，将公共资源占用收益通过资源税有序进入国民收入分配渠道。

（三）推进土地资本收益分配制度建设

党的十八大报告明确指出，"改革征地制度，提高农民在

土地增值收益中的分配比例。"改革征地制度是个系统工程，要严格限定范围，建立公共用途征地公众参与决策机制。通过严格限定公共用途占用土地，以最大限度减少农村集体土地的收益损失。改革公共用途建设用地无偿划拨制度，将其纳入市场交易轨道。逐步取消非公共用途建设用地无偿划拨制度。采用市场机制按照市场交易价格获取土地使用权。同时，配套改革土地财政体制。城乡集体建设用地实行同样市场交易规则，提高农村居民在土地收益中的分配份额。

（四）完善资本市场体系，加强资本市场的财富分配功能

党的十八届三中全会明确提出："优化上市公司投资者回报机制，保护投资者尤其是中小投资者合法权益，多渠道增加居民财产性收入。"2013 年 2 月国务院发布的《关于深化收入分配制度改革的若干意见》对"多渠道增加居民财产性收入"的措施给予了明确。该意见提出的"多渠道增加居民财产性收入"措施中，与资本市场有关的包括："加快发展多层次资本市场，落实上市公司分红制度，强化监管措施，保护投资者特别是中小投资者合法权益；丰富债券基金、货币基金等基金产品；支持有条件的企业实施员工持股计划；拓宽居民租金、股息、红利等增收渠道。"可见，资本市场在增加居民财产性收入方面大有作为。

为了增强资本市场财富分配功能，增加居民收入，缩小收入差距，针对目前不完善的市场体系，应从以下几个方面着

手：一是提高回报投资者的力度。近年来，我国上市公司分红总量总体呈现逐年上升趋势，证券市场的财富效应已经被越来越多的投资者所认可。但目前总体的回报也是不高的。未来可以考虑建立强制性的分红约束机制，要求上市公司在一定时限内必须分红并制定最低现金分红比例，超过一定的时限不分红的，将不得再融资，再超过一定时限不分红的，自动退市。二是为投资者减轻税负。2012 年以来，相关部门陆续推出了为投资者减负的一些措施，比如降低股票交易环节费用、实施股息红利税差别化征收等。这些措施减轻了投资者的负担，同时也发挥了税收政策的导向作用，对于鼓励长期投资，抑制短期炒作，促进中国资本市场长期稳定健康发展起到了积极作用。未来需要进一步优化分红税收政策，减轻投资者的红利税负，充分发挥现金分红的基础性机制作用。三是加强监管。加强监管，维护市场公平，是投资者在资本市场中获取合理财产性收入的重要保障，也是投资者分享中国经济成长成果和改革红利的基础。目前我国对资本市场的监管投入还不足，法规体系上也不健全，需要从立法上、执法上进一步完善，切实保护投资者利益。

三、知识、技术和管理入股，推动创新发展

通过赋予技术人员股权，让他们以股东身份参与决策和利润分享，不仅使技术人才的价值得到了体现，技术转移难、技

术不值钱的现象得到了改观，而且进一步激发了技术人员从事技术研发和技术成果转化的热情。

技术入股在推进过程中，还存有一些亟待解决的问题。一是认识上有偏差。一些企业和单位对技术这一无形资产的价值认识不足，潜意识中不想让技术持有人占有股份。二是体制上有障碍。在技术入股审批中，一些国有企事业单位往往因程序多，用时长，影响了技术成果转化的时效性。有些高校、科研机构因股份权属关系不够明晰，增加了技术入股的难度。三是管理上存在缺失。表现在技术入股的相关政策不够完善，技术成果作价评估存有随意性，少数技术人员带着职务技术成果到企业进行"地下"入股等不良现象。

有效推进技术入股，加速科技成果转化，促进经济社会创新发展，需要从以下三个方面入手：（1）进一步解放思想。当今世界一些经济发达国家已把技术入股誉为现代企业管理制度的"经典法则"。美国硅谷为促进高科技产业发展实施了"双轮驱动"，一个轮子是风险投资，另一个轮子便是股权激励。面对高新技术的迅猛发展和市场的激烈竞争，应着力将技术入股作为推动创新驱动发展的一项重要措施来抓。（2）逐步破除障碍。技术入股一靠政策，二靠市场。要逐步消除制约科技成果转化的政策壁垒，打破阻碍技术发展的框框，建立和完善相关激励政策，尤其是要注重通过扩大科研单位及企业的自主权、采取税收激励政策等措施，促进技术、资本与市场的紧密结合，让技术的能量得以充分释放。（3）切实规范管理。坚持科学、合理、真实、公平地对技术成果进行评估，确保技术成为企业的真实资本和合理股份。努力简化技术入股的审批程序，最大限度的缩短技术成果转化时间。

管理参与分配的形式多样，如经营者持股、股票期权等等。在市场经济条件下，生产经营管理者活动越来越复杂和重要，能否找到一个优秀的企业家或职业经理人已经成为一个企业成败的关键因素。因此，让管理参与分配，才能够体现经营管理者的复杂劳动的价值，激发他们的创业精神和创新动力。

第六章
健全再分配调节机制

推进收入分配制度改革，缩小收入差距，维护社会公平正义，必须多管齐下，多策并举，逐步理顺分配关系。除了初次分配中的劳动报酬比重切实得到提高之外，还需要再分配的各项调节机制对收入差距的调节更加有力、有效，在促进分配公平中发挥更大作用。再分配是国民收入继初次分配之后在整个社会范围内进行的分配，是指国家的各级政府以社会管理者的身份，主要通过税收和财政支出的形式参与国民收入分配的过程。

第一节　完善税收制度

必须充分发挥税收调节收入分配的作用。通过完善的税收制度，运用积极的税收手段，努力缩小收入分配差距，从而在法制政策上逐步实现社会公平。

一、强化公平理念，完善税收调节机制

我国现行税收政策对个人收入的调节作用，主要通过征收个人所得税、财产税和消费税来调节，这些税种对调节居民个人收入差距起到了一定的作用。但是，在我国现行的税收制度中，间接税比重过大，直接调节个人收入分配的税种比较少，没有形成一个科学的个人收入的税收调节机制，而且消费税、个人所得税制不完善，财产税制度不健全。以间接税为主体的税制结构对于目前居民收入差距缺乏有力的调节。流转税大多具有累退性质，并且可以通过推动价格上涨进一步转嫁给消费者，增加居民特别是低收入居民税收负担，从而更加不利于收入分配公平的实现。

从构建和谐社会角度看，应在税收分配中强化公平理念，从公平收入分配角度优化税制结构。应立足于整个税制体系的建设，协调间接税和直接税，构建一个包括个人所得税、企业所得税、社会保障税、遗产税和赠与税、房地产税、消费税等在内的税收征管体系，调控高收入者的收入，缓解和缩小收入差距矛盾。

二、避免在税收监管中出现对收入分配的逆调节

改革开放以来，在鼓励一部分人先富起来的政策引导下，

我国社会已逐步发展成为金字塔结构，少数先富起来的人占有了多数社会财富已经是不争的事实，按照"富人多缴税，穷人不缴税，低收入者少缴税"的税收理念，富人本应承担税收的大头。但实际上，真正的富人，他们的收入来源较为多样化，而且主要不是薪酬，大部分收入可以实施避税行为。由于个人所得税实施代扣代缴制度，以工薪收入为主要来源的工薪阶层自然成为个税收入的主要来源，据财政部公布的数据，近年来工薪所得项目个人所得税收入占个人所得税总收入的比重已达50%左右。而在美国，将近50%的工薪阶层却只承担了联邦所得税的10%，10%的高收入者承担了个人所得税的60%多，1%的最高收入者承担了30%，形成标准的"倒金字塔"税收负担结构。

高收入群体税收监管存在盲区，工薪收入者不但税负重，而且征管严，由此造成的贫富阶层实际税负不公，不仅没有起到调节收入分配的作用，反而在某种程度上扩大了贫富差距。应在加强税收征管的同时，设计更合理的税制结构以改变目前税收在收入分配差距上出现的"逆调节"。

三、调整个人所得税结构，缓解收入分配不公

通过个人所得税税制结构的调整，来强化其收入分配的调节功能。通过加强个人所得税的征管和堵漏增收的行动，来提升其收入分配的调节作用。实施累进税率的个税征收模式，提

高个税起征点，把目前工薪阶层为主的个税纳税群体向富人阶层转移；调节税率级次和税率水平也可以一定程度上增加高收入者的个税负担，进而实现公平收入分配。

我国现在的个人所得税采取的分类、分项、分别定率、分别征收的办法，与许多国家不同，不是按年综合征收，而是按月分别进行征收。劳动性所得税额占全部个人所得税收入过高，超过了 70%，资本性所得比重过低。因此，应对税制进行结构性改革，建立公平税负的税收制度。要提高税收对收入分配的调节作用，在降低流转税占总税负比例的基础上，逐步提高个人所得税在总税负中的占比，并调整个人所得税的内部结构，降低工资所得税占个人所得税负的比例，提高资产性税收。

四、通过开征财产税及资源税等税种进一步促进分配公平

现行房产税征收主要依据是 1986 年实施的《中华人民共和国房产税暂行条例》，仅对经营性房屋征税，其税基为房产的余值即原值减去折旧征收。从 1986 年到 2014 年，原《暂行条例》已经执行了 20 多年，随着市场的变化，应考虑进行修订完善。房产税的征收几乎是牵涉到每一个家庭、每一个公民利益的重大事情，政策制定者要特别留意中低收入阶层的诉求，甚至要有意识地保护社会基层，才能使政策容易为全社会

接受。同时要很好地设计税费征收方案的开征方式和征收标准，要保护公民私人合法财产，在增加国家稳定税收来源的同时，允许国民拥有适量房产，多拥有则多交税。

开征遗产税也是一个有益的探索，捐赠和慈善尚未成为我国大多数富人的习惯，富人的遗产还没有一个有利于社会和谐以及后代奋斗的好去处。只要投对娘胎便可一世衣食无忧，这样严重损害了社会的公平。我国大多数富家子女就正在世袭父辈合法和不合法获得的财富，这对社会公平与和谐是有百害而无益的。早在2004年我国就制定了《中华人民共和国遗产税暂行条例（草案）》，但时至今日还没有征收，这其实是公众与少数富人进行的艰难博弈。然而，征收遗产税的意义很重大，而且征收本身比增加税收收入更重要。目前很多富人都想尽办法少缴或不缴个税，但财产是无法带走的，不捐赠慈善事业的话，必然要留给后代，开征遗产税就会使富人无法逃税。另外，开征遗产税又有利于扶危济困，促进良好社会风气的形成，可以鼓励先富起来的人承担更多的社会责任。

资源税的调节作用也没有在经济运行和调节社会财富分配等方面得到体现。例如，在国外，对于电信企业使用的空间频道资源都会征税，我们在这方面则是空白，本该属于国家的税收变成了相关企业的利润，也成了这些行业畸高收入的一个来源。另外，土地、煤炭、铁矿、铜矿等资源近些年来已经成为暴富的源头，税收在这方面也要发挥应有的作用。

第二节　全面建成覆盖城乡居民的社会保障体系

社会保障体系建设是实现社会财富二次分配，确保经济平稳运行、社会公平和谐的重要制度。"民为邦本，本固邦宁"。建立更加公平、可持续的社会保障体系，为百姓构筑坚实的民生后盾，人民才能享受到更多的发展红利。党的十八届三中全会《决定》提出，要"建立更加公平可持续的社会保障制度"。近年来，我国不断建立健全各项社会保障制度，多层次的社会保障体系框架基本形成，城乡居民养老保险实现了制度全覆盖，保障性住房建设步伐进一步加快，低保补助标准不断提高。但也还存在着一些问题：养老保险待遇仍存在城乡差异，社会养老服务体系尚未健全等等。因此，建立更加公平和可持续的社会保障制度，仍是我国经济社会发展中一项艰巨的任务。

一、推进统一的城乡居民基本养老保险制度

2014 年 2 月，国务院常务会议决定合并新农保和城镇居民养老保险，建立全国统一的城乡居民基本养老保险制度。这一制度为每个人提供了同等的机会和权利。未来应在制度模式、筹资方式、待遇支付等方面实现城乡无差距对接，让农民工和

农村居民也能享受到和城市居民一样的福利与便利。

虽然外出农民工参加养老保险的比例在不断提高，但截止到 2013 年，覆盖率也只有 15.7%。这个原因是多方面的，既有企业的原因：参保意味着企业成本的上升；也有外出农民工个人的原因：工作不稳定，异地接续存在很大的不确定性，担心将来拿不到养老金。因此，一方面，需要全面落实《劳动合同法》，促使企业真正承担起为农民工社保缴费的义务。同时，推进税制改革，进一步减轻小型和微型企业负担，加强监管，敦促这些企业严格落实劳动合同法，承担缴费义务。另一方面，推动社会保障的异地接续和全国联网，尽早实现全国一体化的社会保障体系。

此外，当前城乡居民的基本养老保险的标准还比较低。中国社科院发布的《社会蓝皮书》显示，2012 年我国城镇居民社会养老保险和新型农村社会养老保险的参保率分别呈上升趋势，但城镇职工人均养老金水平已达每年 2.09 万元，而新农保仅为 859.15 元，两者相差 24 倍之多。为了体现社会公平，需要建立正常的调整机制，不断适度提高，最终实现城镇职工基本养老保险制度与新农保的有效融合和有效衔接，从而真正改善低收入居民的收入状况，缩小收入差距并扩大消费需求。

二、完善住房保障制度

经过多年的实践探索，我国住房保障制度改革取得了重要进展和宝贵经验，但目前保障性住房覆盖面还比较低，特别是进城落户的农民工尚未完全覆盖，应继续推进住房保障制度改革，整合发展以公共租赁住房为主要形式的住房保障模式，探索建立更加符合我国国情的住房保障制度。一是以增强针对性、有效性、公平性为重点，积极探索保障性住房建设、分配、管理的有效方式，建立更加完善的保障性住房供应体系，切实解决住房困难群众的住房问题，特别是满足新一代城市产业工人的城市定居需求，以消除大规模低收入群体可能形成的社会冲突风险。二是建立健全公开规范的住房公积金制度，改进住房公积金提取、使用、监管机制，实行全国统一垂直管理，着力提高住房公积金使用效率，更好发挥住房公积金的住房保障功能。此外，可以考虑让符合一定条件的失业人员和困难人员提前领取住房公积金，可为他们提供一定的生活保障，缓解他们基本生活压力。

在农村危房改造上，应进一步整合扶贫、移民等涉农建房资金，积极发动社会力量，集中对特困农户实施重点帮扶。为提高乡村整体建设水平，还应积极推进整乡（镇）、整村改造模式。

三、健全城乡低保和救助制度

城乡低保制度对保护我国的贫弱群体与构建和谐社会发挥了巨大的作用。但随着经济社会的发展和环境变化，该制度需要进一步完善：一是加快推进低收入家庭的认定工作，为医疗救助、教育救助、住房保障等社会救助政策向低收入家庭拓展提供依据；二是推进最低生活保障制度统筹发展。目前，我国以城乡居民最低生活保障制度为核心的城乡社会救助体系基本形成，发挥着重要的兜底保障作用。在城乡发展一体化进程中，城乡居民最低生活保障制度建设的着力点要逐步转向城乡统筹发展，重点是推进制度整合和待遇衔接，努力消除城乡制度上的差异，逐步缩小待遇标准上的差距。

对于最低生活保障家庭中的老年人、未成年人、重度残疾人、重病患者等重点救助对象，应采取多种措施提高其救助水平。鼓励机关、企事业单位、社会组织和个人积极开展扶贫帮困活动；完善城市最低生活保障与就业联动、农村最低生活保障与扶贫开发衔接机制，鼓励积极就业；落实《社会救助暂行办法》，进一步明晰政府部门、经办人员、救助对象的权利、责任和义务，加大对违法、违纪、违规行为的治理力度。

四、加快建立社会养老服务体系

随着我国快速进入人口老龄化社会，老年人的社会服务保障问题越来越突出，党和政府高度重视，社会各界普遍关注。为了积极应对人口老龄化，让越来越多的老年人安度晚年，必须加快建立社会养老服务体系，大力发展老年服务产业，更好满足老年人特殊的服务保障需求。要动员社会各方面力量加快养老院、老年公寓、老年活动室等老年服务基础设施建设，积极发展老年护理、保健等老年服务产业。另一方面，要采取政府购买服务、民办公助等多种形式，探索和发展社区养老，完善民办养老机构资金扶持和税费减免政策，积极引导社会组织和个人投资兴办养老服务业。同时，应结合城镇化发展和新农村建设，依托乡镇敬老院等，推动中心敬老院向区域性养老服务中心转变，向留守老年人及其他需要的老年人提供日间照料、短期托养、配餐等服务。在建制村和较大自然村，依托村民自治和集体经济，积极探索推进农村互助养老新模式，让农村地区的老年人安享晚年。

五、健全特殊群体的服务保障制度

一是农村留守儿童、妇女、老年人关爱服务体系。要健全组织领导体系，建立领导责任制和相关部门工作协调机制。要健全服务体系，重点围绕留守人员的基本生活保障、教育、就业、卫生健康、思想情感等方面实施有效的关爱服务。要健全保障体系，加强相关基础设施建设，完善社会救助、就业扶持等政策。要加快完善农村劳动力输入地的户籍政策和享受基本公共服务政策，使更多的留守人员尽快融入城市生活，积极解决两地居住问题。

二是残疾人权益保障制度。重点是要健全残疾人基本医疗、康复服务体系，落实各类用人单位按比例安排残疾人就业制度，为残疾人就业创业提供政策扶持，将残疾人纳入社会保障制度，加强残疾人权益法律保护，大力营造尊重残疾人的良好社会氛围，真正让残疾人平等享有各种社会权益。

三是困境儿童分类保障制度。针对我国儿童福利事业发展面临的新形势，要在孤儿保障制度的基础上，坚持总体规划与分类保障相结合，进一步明确困境儿童保障工作责任主体，完善工作机制和监管机制，加强政策制度创新和服务体系建设，加快探索建立困境儿童分类保障长效机制。

第三节　合理配置教育资源

教育公平是社会公平的底线，让每个孩子都能享有平等受教育的机会和资源，才能从根本上缩小人与人之间的能力差异，并进一步缩小收入差距。我国的教育公平问题十分复杂，既包括城乡之间的，也包括区域之间、校际之间的；既涉及义务教育，也涵盖高等教育和职业教育等等。

一、教育公平的含义及意义

教育公平包括三个层面的含义：一个是机会平等，即人人都有机会接受平等的教育；一个是过程平等，即在接受教育过程中平等地享受教育资源；一个是结果平等，即最终的教育结果应当体现出平等。教育公平对于缩小收入差距，实现共同富

裕，促进社会公平正义具有重要作用

对于教育公平，《国家中长期教育改革和发展规划纲要》指出，"教育公平的基本要求是保障公民依法享有受教育的权利，关键是机会公平，重点是促进义务教育均衡发展和扶持困难群体，根本措施是合理配置教育资源，向农村地区、边远贫困地区和民族地区倾斜，加快缩小教育差距。教育公平的主要责任在政府，全社会要共同促进教育公平。"党的十八大报告指出："大力促进教育公平，合理配置教育资源，重点向农村、边远、贫困、民族地区倾斜，支持特殊教育，提高家庭经济困难学生资助水平，积极推动农民工子女平等接受教育，让每个孩子都能成为有用之才。"党的十八届三中全会《决定》中也有清晰表述："大力促进教育公平，健全家庭经济困难学生资助体系，构建利用信息化手段扩大优质教育资源覆盖面的有效机制，逐步缩小区域、城乡、校际差距。"

二、建立财政教育投入稳定增长机制，增强投入的公平性

教育投入是发展教育事业的重要物质基础，基于教育的公共产品属性，教育经费以政府投入为主，既是世界上主要发达国家的普遍做法，也是我国历史与国情所决定的。其中，义务教育应全面纳入财政保障范围，实行中央和地方各级人民政府根据职责共同负担、省级政府负责统筹落实的投入体制，非义

务教育可实行以政府投入为主、受教育者合理分担、多种渠道筹集经费的投入机制。2012 年实现了教育经费占 GDP 的比重 4% 的目标，是中国教育史上的里程碑，来之不易，未来中国发展教育事业，仍然需要加大公共财政对教育的投入，推动教育经费筹集和管理朝着制度化、科学化方向发展，建立财政教育投入稳定增长机制。一是要切实落实《教育法》有关规定，各地财政支出总额中教育经费所占比例应当随着国民经济的发展逐步提高，保证教育财政拨款的增长高于财政经常性收入的增长，使按在校学生人数平均教育费用逐步增长，保证教师工资和学生人均公用经费逐步增长。二是制定好各级各类教育投入标准，标准是投入的依据，要研究制定学校办学基本标准，制定和完善各级各类教育生均经费标准和生均财政拨款标准，并建立稳定增长机制。三是建立对地方政府财政教育投入的常态监测机制，加强问责，督促地方政府加大财政投入。

三、均衡发展，促进各级各类教育机会公平

北京大学和清华大学的教授调查发现，中国重点大学农村学生比例自上个世纪 90 年代起不断滑落。北大农村学生所占比例从三成落至一成。资料也显示，城乡大学生比例分别是 82.3% 和 17.7%。而在上个世纪 80 年代，高校里农村生源还占 30% 以上。2009 年 1 月，新华社播发时任国务院总理温家宝同志的署名文章称，"过去我们上大学的时候，班里农村的孩子

几乎占到 80%。"这些数据的背后是城乡教育机会的严重不平等。教育公平的关键是机会公平，让入学机会在区域、城乡、阶层之间分配更加公平，重点是促进义务教育均衡发展，保障公民依法享有受教育的权利。

一是就学机会的公平。我国宪法规定，"中华人民共和国公民有受教育的权利"。扩大学校教育总体规模，使得学校教育的容量能够保证符合条件的公民都能进入相应阶段的学校学习；建立健全就学资助制度，确保符合条件的公民不至于因家庭经济原因而放弃就学或中途辍学，可以说是切实解决就学机会不公平问题的两个必要前提。[①]

二是就学优质学校机会的公平。我国实行的是 9 年义务教育制，但教育资源不均衡，长期存在的重点与非重点学校，教育条件和教育质量相差很大，导致了在基础教育阶段"择校现象"的半公开存在，变成了家长之间社会关系和经济实力的较量，造成社会不公。对此，解决的最好办法就是教育资源的均衡化，平衡教育资源，一方面推进学校办学物质条件的标准化建设，尤其是花大气力从根本上彻底改善薄弱学校的办学物质条件。另一方面着力，推进师资队伍的水平提升，科学实施校长及教师的校际定期业务交流与轮岗制度。

---

① 吴康宁："教育机会公平的三个层次"，《中国教育报》2010 年 5 月 4 日第 4 版。

第七章
建立健全促进农民收入较快增长的长效机制

　　理论研究和发达国家的经验都表明，消费是一国经济增长的持久动力和安全保障。农民是我国最大的消费群体，因此重视农民收入的增加和收入差距的缩小不仅是关系社会和谐和社会稳定的问题，更是关乎中国经济长远发展的问题。

　　农民增收一直是各级政府工作的重中之重。"小康不小康，关键看老乡"，这是 2013 年 4 月 8 日—10 日习近平总书记在海南考察时的一番话。这番话道出了中国小康社会建设的关键所在，没有农民的小康，就没有全国人民的小康。虽然我国的城镇化率 2013 年底已经达到了 53.73%，但仍然有 6 亿多的人口长期生活在农村，收入和生活水平还比较低。统计资料显示，2013 年农民人均纯收入只有城镇居民人均可支配收入的 33%，如果剔除城乡居民收入核算方法和内容的不可比因素，把农民人均纯收入也转换为可支配收入，则农民人均收入水平与城镇居民相对还要低一些。

表 7—1　城镇居民与农村居民收入比较

指标	2012	2011	2010	2009	2008	2007	2006	2005
城镇居民人均可支配收入（元）	24565	21810	19109	17175	15781	13786	11760	10493
农村居民人均纯收入（元）	7917	6977	5919	5153	4761	4140	3587	3255
城乡收入比	3.10	3.13	3.23	3.33	3.31	3.33	3.28	3.22

资料来源：根据《中国统计年鉴 2013》计算取得。

第一节　增加农民家庭经营收入

农民收入由四个部分组成，即工资性收入、家庭经营性收入、财产性收入和转移性收入。近年来，国家惠农政策不断出台，加之劳动力大量向城市转移以及城镇化建设步伐的加快，农民的工资性收入、财产性收入和转移性收入持续大幅增加，家庭经营性收入虽然也保持了较快增长，但占比不断降低。家庭经营收入是指农村住户以家庭为生产经营单位进行生产筹划和管理而获得的收入。按照收入来源分，农民家庭经营收入来源大致可以分为三类，即第一产业收入、第二产业收入和第三产业收入，其中，来自第一产业的收入约占农村居民人均家庭经营纯收入的 60%。数据显示，2008 年—2013 年，我国农民家庭经营性收入占农民人均纯收入的比例依次为 51.2%、49.0%、47.9%、46.2%、44.6%、42.6%，呈现单边走低的态势。总体而言，农民较快摆脱了传统经济模式下过分倚重家庭经营性收入特别是农业生产收入的格局，收入结构不断优化，令人欣慰。但也应看到，我国仍有数亿农民在从事农业生产和与农业生产相关的第二、第三产业的家庭经营活动。不断做大农民家庭经营性收入这块"蛋糕"，对于增加农民收入、改善农民生活条件、促进农业产业结构调整、助力新农村建设和保证国家粮食安全至关重要。

一、发挥公共财政的作用，加强财政对农业产业化的支持力度

传统农业的弱质低效和规模不经济一直制约我国农业的发展和农民收入的增长，产业化是解决这一制约因素的根本出路。农业产业化的实质是农业经营的种养加、产工贸、农工商等的一体化。当前我国农业产业化整体水平还比较低，农业产业化所需要的基础保障制度还不完善，需要加大公共财政的支持力度。加大对农业产业化财政补贴力度，并进一步创新补贴方式，提高财政补贴资金的投资效益；加大对农村合作经济的支持力度，可以通过财政项目资金直接投资或财政补助的方式。

二、提高农业科技创新能力

农业增产和农民增收，根本还是要靠科技的力量。我国人均耕地面积只占世界平均水平的 45%，扩大种植面积实现增产增收的空间十分有限，但通过科技创新提高生产能力的空间仍然很大。与发达国家相比，我国农业科技的整体水平还不高：我国农业科技进步贡献率约为 53%，而发达国家一般在 70% 以上。对此，一方面应加大农业科技投入。发达国家农业科技投入强度（农业科技投入占农业 GDP 的比重）在 5% 以上，世界平均水平为 1%，但我国只有 0.2%，凸显投入严重不足。中央财政应积极发挥财政职能作用，努力构建财政农业科技投入稳定增长机制，稳定支持农业基础性、前沿性、公益性科技研究，逐步提高科研机构运行经费保障水平，大力支持农业科技成果转化和技术推广，着力推进农业技术社会化服务体系建设，为增强科技对农业农村发展的支撑能力提供有力保障。同时，中央财政还应积极发挥引导作用，带动更多的企业和其他社会资金投向农业科技领域，促进提高农业科技的社会投入水平。另一方面应加强对农民的科技教育培训。农业科技创新不仅需要科技成果的研发，而且需要农业科研成果推广以及对农民的教育和培训。农业科研成果不能推广应用，便无法实现农业增产、农民增收的目的；没有对农业科技成果应用者的教育和培训，新农业科技的大范围推广便不可能顺利完成。进入

"十二五"时期以来，国家加大了对农业科技创新的支持力度，经费投入大幅增加。因此，应在农业科技研发项目的立项资助、成果验收评价等环节，把科技研发、科技成果推广以及对农民的教育培训有机结合起来，形成"三合一"的项目机制，有效解决研发和推广脱节、产学研脱节的问题，尽快实现科技与经济社会发展紧密结合。

三、完善农村生产经营基础设施建设

农村生产经营基础设施的好坏直接关系到农业增产和农民增收，加大建设和改善力度十分必要和迫切。

（一）加强农田水利基础设施建设

近年来，国家高度重视农田基础设施建设，但农田水利设施建设的"欠账"问题还没有解决，抗灾减灾能力仍不能满足现代农业发展和农民增收的需要。据有关报道，我国每年农田受旱面积达 3 亿亩以上，中等干旱年份灌区缺水 300 亿立方米，每年因旱减产粮食数百亿公斤。鉴于此，需要继续加大农田水利基础设施建设。一是国家要加大对农田水利基础设施建设的投入，尽快形成完善的水利灌溉系统，提高抗旱减灾的能力；二是要积极拓展融资渠道，吸纳社会资金，形成以政府投资为主体，集资投劳相结合的投融资格局。同时，应加大对农田水利基础设施运营管理，建立运营经费保障机制，落实管护责任，确保工程长期发挥效益。[①]

（二）加强农产品市场体系建设[②]

2014 年的中央 1 号文件明确提出："加强农产品市场体系建设，完善农村物流服务体系。"方便快捷、成本低廉的物流服务能有效降低交易费用，促进农产品贸易和农村市场发展，对发展现代农业、繁荣农村经济和促进农民增收都具有重要作用。

近年来，我国农村物流发展很快，但与城乡发展一体化和新农村建设的要求相比仍然滞后。一是农产品市场体系不健全，突出表现在国家级市场、区域中心市场和田头市场总体数量不足，布局不合理，功能配套不够，市场间联系不紧密。一些市场存在地方保护，统一开放、竞争有序的农产品市场体系尚未形成。二是物流主体规模较小，组织化程度较低，竞争力不强。三是物流基础设施落后，市场信息服务不到位。农产品季节性生产，集中大量上市，"卖难"、"买贵"、"增产不增收"等现象时有发生。四是物流技术落后，生鲜农产品冷链运输设施设备缺乏，导致农产品产销衔接不畅，产后损失较大。加之物流成本居高不下，制约了农业发展和农民增收。

针对上述突出问题，应重点把握以下几个方面，以加强农村物流服务体系建设：（1）完善农产品市场体系。在生产集中

---

① 石霞：夯实农业基础，《打造中国经济升级版》，新华出版社，2013 年版，第 128 页。

② 刘敏：发展农村物流服务体系，《人民日报》，2014 年 6 月 23 日，第 7 版。

度高的优势产业带，建设一批国家级市场，打造产品集散中心、价格形成中心和加工配送中心；在省级优势特色农产品生产区，建设一批区域性市场；在"一村一品"特色突出的村庄，建设农村田头市场。（2）打破物流资源的部门分割和地区封锁，破除区域歧视性政策，加快形成统一开放市场。加大产销衔接力度，推广"农社对接"、"农超对接"、"农校对接"以及周末菜市场等直供直销模式，减少流通环节，降低流通成本。培育壮大物流主体。加快培育农产品综合加工配送企业和第三方冷链物流企业，鼓励物流企业跨部门、跨地区整合农村物流资源，引导物流企业通过兼并、重组、联合、合作等方式扩大规模、提高竞争力；鼓励和引导物流企业与农产品市场签订长期服务合同，形成纵向一体化模式，提高流通的组织化程度。支持农民专业合作社、农产品专业协会、农村经纪人、农产品流通企业、农村市场物流服务企业等流通主体建设，形成主体多元、功能协调、相互配套的农村物流队伍体系。发挥邮政系统点多面广的优势，为农村物流做好服务。（3）加强基础设施建设。加强产品配送中心、冷链运输、冷库储藏、产地预处理等流通基础设施建设，提高流通能力。支持农产品质量检测体系和安全追溯体系建设，加大质量安全投入，对产加销各环节设施设备进行升级改造。加强信息基础设施建设，建立农产品供求信息采集发布机制，强化农产品价格监测预警，依托互联网和物联网大力发展农产品现代流通方式和新型流通业态，积极发展农产品电子商务。（4）加强人才和科技支撑。通过集中培训、现场观摩、相互交流等多种方式，加强农村物流管理和经营人才培养，提高物流经营主体管理和运营水平。加强适合我国农村特点的物流设施设备研究开发，重点开展精深加工、包装储藏、产后减损、质量检测、冷链冷藏、保质保鲜、信息收集分析等技术的研发和推广应用。

第二节　赋予农民更多财产权利

农民收入包括家庭经营性收入、工资性收入、转移性收入、财产性收入四个部分。财产性收入，也称为资产性收入，是指家庭拥有的动产（如银行存款、有价证券等）、不动产（如房屋、车辆、土地、收藏品等）所获得的收入。它包括出让财产使用权所获得的利息、租金、专利收入等；财产营运所获得的红利收入、财产增值收益等。当前财产性收入占农民收入的比重很低，但同时也表明增加财产性收入是增加农民收入最大的潜力所在。应该把增加财产性收入作为促进农民增收的重要途径，采取多种措施大力推动农民增加财产性收入。赋予农民更多财产权利，目的就在于有效增加农民财产性收入，使财产性收入成为农民增收的新的增长点，从而有效拉动农民收入持续较快增长，逐步缩小城乡居民收入差距。

一、财产权利不平等是城乡不平等的突出表现之一

目前城乡不平等的一个突出表现是，农村居民和城市居民享有的财产权利不平等。比如，城镇居民购买的房屋具有完整产权，可以抵押、担保、买卖，农民自己在宅基地上合法建造的房屋却不具有完整财产权，不能抵押、担保，也不能出售到本集体经济组织成员以外；允许城市居民自由拥有和交易商品性房屋以获取财产性收入，城镇居民可以拥有多套住宅以及相配套的大面积的土地使用权，而广大农村居民则被严格限制为"一户一宅"。农村集体建设用地也被政策限制进行商品房建设；企业获得的国有土地使用权可以用于抵押、担保等活动，农民拥有的集体土地使用权不能用于抵押、担保等活动；农民对农村集体资产拥有所有权，但这些权利在经济上缺乏有效的实现形式。

财产权利的不足或缺失，严重制约农民财富的积累，制约农户财产进入社会财产增值体系、信用体系和流动体系，制约农民同城镇居民在经济权利上的平等，阻碍城乡发展一体化。农民财产权利，主要是指其对土地的权利以及由此衍生的权利，主要包括农民的土地承包经营权、宅基地使用权和集体资产收益分配权等。清晰界定和赋予农民合理的财产权利，可以从根本上维护广大农民的利益、提高农民收入。

二、保护农民在承包地上的各项权利

党的十八届三中全会通过的《决定》明确指出:"赋予农民对承包地占有、使用、收益、流转及承包经营权抵押、担保权能,允许农民以承包经营权入股发展产业化经营。鼓励承包经营权在公开市场上向专业大户、家庭农场、农民合作社、农业企业流转,发展多种形式规模经营。"这是我国农村土地经营制度的一个重大突破。2014年中央农村工作会议又提出"落实集体所有权、稳定农户承包权、放活土地经营权",从而使承包经营权分化为"承包权"和"经营权"。所有权归集体,不能自由买卖,可以避免土地兼并;承包权归农户,农户可获得土地转包收入即财产性收入。承包权有了价值,进城农民转让承包权的积极性就会提高;放活经营权,鼓励种粮大户、农业公司、合作社扩大土地经营规模,对于提高农业劳动生产率和土地产出率,意义重大。

2013年,我国农民工已达2.69亿人。他们在农村的承包地大部分依靠农忙季节回乡耕种或交给亲友代耕。这带来两个不良后果:一是规模不经济的粗放耕作效益低下,种粮食不划算,导致很多地方出现土地撂荒现象;二是由于农民工依旧是农民身份,使得他们在城市工作充满不稳定因素,难以形成高素质的产业工人队伍,制约着我国工业化升级和信息化推进。解决这个矛盾的途径之一就是鼓励外出农民工将自己的承包地转让出去，经营权向专业大户、家庭农场、农民合作社、农业企业流转，使土地向规模化经营主体集中，使农民依法获得土地流转收益。实践经验证明，农民把土地转让出去，获取的转包费甚至超过自己耕种的纯收入。因此，要抓紧搞好土地确权颁证工作，为土地承包权流转创造条件。土地承包权流转后，农业现代化的进程将大大加快，农民将从提高效率中获得更多收入。

三、改革完善农村宅基地制度

目前，农村宅基地问题突出。一方面宅基地取得困难，不少地方由于建设用地指标紧张，多年没分宅基地；而另一方面，宅基地退出机制不健全，农民进城了，宅基地依然在，影响农民财产权益的实现，也影响了农民进城入户。无论从现实问题看，还是从农村土地制度改革趋势看，必须改革完善宅基地制度。党的十八届三中全会《决定》提出："保障农户宅基地用益物权，改革完善农村宅基地制度，选择若干试点，慎重稳妥推进农民住房财产权抵押、担保、转让，探索农民增加财产性收入渠道。"这为实现农民住房财产权抵押、担保、转让提供了政策保障，是农村住房和宅基地制度改革的重大突破。按此要求推进改革，既有利于增加农民收入，缩小城乡收入差距；又有利于减少农村住房用地，满足城镇化对新增建设用地的需求；还能够促进农民工市民化。宅基地是农民安身立命的基本保障，在当前社会保障体系尚未完全建立健全的情况下，最好的办法是选择若干地区开展试点，慎重稳妥推进农民住房财产权抵押、担保、转让，探索农民增加财产性收入的渠道，待取得经验后，再完善相关法律制度，逐步推开。

四、大力发展农业社会化服务体系，增加农民收入

完善的农业社会化服务体系，是现代农业发展和农民增收的重要保障。经过多年的发展，我国已初步形成了以家庭联产承包经营为基础，以政府公共服务机构为主导，合作经济组织为主体，公益性服务和经营性服务相结合，多元化市场主体参与的农业社会化服务体系。但随着我国现代农业的发展，土地流转的加快，以及市场化的推进，现有的农业社会化服务体系已经不能满足需要，亟需发展和完善。一是分类指导，大力扶植不同的社会化服务组织，强化公益性服务机构建设，并培育经营性服务组织。创新服务方式和手段，积极搭建区域性农村社会化服务综合平台。二是大力扶持和发展农村金融服务组织，扭转金融服务在农业领域缺位的局面。借鉴发达国家的经验并结合我国实际，构建完整的涵盖银行、保险、证券等在内的农业金融服务组织体系，调动农民的积极性，培育农村合作金融组织，实现资金取之于民，用之于民，增加农民的财产性收入。三是应培育农业产业化的龙头企业，鼓励工商资本下乡务农，并建立与农民的利益分享机制。

第三节　加大扶贫开发力度

2011 年 11 月，中央扶贫开发会议宣布，根据到 2020 年全面建成小康社会目标的要求，适应我国扶贫开发转入新阶段的形势，中央决定将农民年人均纯收入 2300 元（2010 年不变价）作为新的国家扶贫标准。这一标准较之前的贫困线提高了近一倍，覆盖的贫困人口数量也显著增加（表 7—2），但同时也显示，我国贫困人口的规模依然庞大，扶贫开发任务依然艰巨。

表 7—2　2000—2013 年中国农村贫困人口变化情况

年份	扶贫标准（元）	贫困人口（万人）	贫困发生率（%）
2000	865	9422	10.2
2001	872	9030	9.8
2002	869	8645	9.2
2003	882	8517	9.1
2004	924	7587	8.1
2005	944	6432	6.8
2006	958	5698	6.0
2007	1067	4320	4.6
2008	1196	4007	4.2
2009	1196	3597	3.8
2010	1274	2688	2.8

续表

年份	扶贫标准 （元）	贫困人口 （万人）	贫困发生率 （%）
2011	2300	12238	12.7
2012	2300	9899	10.2
2013	2300	8249	

注：2007 年以前扶贫标准称为低收入标准。

数据来源：2007—2010 年数据来自国家统计局住户调查办公室，《中国农村2011 贫困监测报告》，中国统计出版社，2012 年；2011—2013 年数据来自次年国家统计局发布的《国民经济和社会发展统计公报》。

一、提高开发式扶贫的针对性

经过近 30 年的发展，开发式扶贫已经逐步成为我国农村扶贫工作的重点和基础。开发式扶贫实际上既是我国建设社会主义小康社会发展的需要，又是帮助贫困人口融入市场经济的一个重要过程。开发式扶贫不仅是为了脱贫，保障基本的生活水平，更是为了社会公平和全面、和谐、持续发展。开发式扶贫作为一种重视发展的扶贫方式，无疑与我国未来发展形势和要求最为契合，能够有效地促进我国 2020 全面建成小康社会的目标达成。

由于我国农村贫困现象突出，开发式扶贫一直都主要针对农村，宗旨就是为贫困户创造更多的发展机会和权利。但是随着工业化和城镇化的推进，就业技术门槛的提高，使得农民并不能平等地参与其中，更不用说本身就处于劣势的贫困群体，虽然现在很多地区的扶贫不再是以区域为主，已经注重到村到户，但是贫困户依然处于弱势。虽然获得了更多的资源、资金扶持，但是在发展机会和权利方面还是存在不足。在一些被扶贫的地区真正受益人群并不是贫困户而是当地强势人群，如村干部和富人等。这也导致了开发式扶贫虽然很注重经济发展，却并没有在缩小农村贫富差距方面有较大的贡献。

2013 年 12 月，习近平总书记在湖南考察工作时指出："必须切实抓好脱贫致富这个战略性任务。""要分类指导，把工作做细，精准扶贫。"因此，针对上述问题，政府相关部门应进一步细化扶贫规划，制定精准扶贫战略，因地制宜，因户制宜，帮扶真正的贫困弱势群体，将扶贫与缩小收入差距紧密结合，真正实现社会公平正义。

二、完善扶贫管理体制

目前，我国扶贫管理体制存在最为明显的问题是多头管理，条块分割。事实上，这个问题存在已久，但是由于贫困问题自身就是个综合性的问题，因此在管理体制上也确实需要多方协作，这也造成了扶贫的多头管理现象。具体在实施过程表现为实施管理主体层级多，规划制定与审批不科学，不同政策与项目之间不协调，财权事权不统一，权责利不清晰等一系列问题，致使一些政策项目进展缓慢、交叉重复、效率低下，降低了扶贫的可持续性。例如，对于扶贫资源存在多部门分别投入。因此，看上去政府投入大量的人力物力，但由于部门分割、多头管理、缺乏整合，整体效率并不高。未来应有效整合行业扶贫和专项扶贫、中央扶贫和地方扶贫、项目扶贫和科教扶贫等资源，创新管理体制，提高扶贫效果。

三、更加重视提高贫困人口参与发展的能力

经济发展核心因素是人，人力资源和人力资本在发展中扮演着越来越重要的角色。因此开发式扶贫要更加重视提高贫困人口发展的能力，虽然我国扶贫的内容里有人力资本投资，但是其投资力度远远小于其他如基础设施等。随着我国经济的发展，各地基础设施等大型投资基本完善，提高对人力资源的扶贫比重，注重提高贫困人口参与发展的能力显得更加重要。

贫困人口参与发展的能力主要包括谋生能力和劳动技能。对此，一方面要更有针对性地开展贫困人口的技能培训，另一方面要通过加强基础教育投入，提高贫困群体的知识水平。

人力资本匮乏是发展中国家贫困发生率居高不下的根本原因之一，也是贫困陷阱形成的重要根源之一。教育在决定居民收入水平中起着十分重要的作用。我国优质的教育资源长期向城市倾斜。例如，多年来，城市考生考取大学的人口比例明显高于农村考生，高等教育入学机会方面存在着显著城乡差异；由于家庭收入的差异，导致在子女人力资本投资上的差异性，

产生了子女教育程度、健康状况的差异，从而形成收入分配差距的代际传递。

　　教育扶贫可以直接提升贫困地区和贫困家庭的自我发展能力，是典型的"造血式"扶贫，是落实开发式扶贫工作方针的具体体现，是扶贫助困的治本之策，更是实现贫困地区长远可持续发展的必由之路。面对新形势、新要求，必须深入推进教育扶贫，以教育公平乃至政策性倾斜带动社会公平正义。一是要在教育规划中优先谋划农村贫困地区教育发展。要纳入教育规划，把改善贫困地区教育发展环境和条件作为教育发展规划的重要内容，在教育投入、工程项目等方面向贫困地区倾斜。二是要把加快农村贫困地区义务教育发展作为教育扶贫的重中之重。义务教育均衡发展要突出"三个倾斜"：向薄弱学校倾斜，切实缩小校际差距；向农村倾斜，加快缩小城乡差距；向中西部倾斜，努力缩小区域差距。三是要大力发展农村贫困地区职业教育与培训。要以促进就业为导向，大力发展贫困地区职业技术教育，把职业教育与九年义务教育、成人教育紧密结合起来，逐步建成结构合理、符合地方经济和社会发展需要、职前教育和职后培训互相融通的职业教育培训网络，提高贫困地区人口的就业能力。四是要充分发挥高等学校在教育扶贫中的重要作用。要优化高等学校区域布局；扩大高等学校"支援中西部地区招生协作计划"规模，制定高等学校对贫困地区定向招生工作方案；制定政策引导高素质大中专毕业生到贫困地区就业创业，带领贫困农民脱贫致富；充分发挥高校的科研和智力优势，推动贫困地区产业发展。五是要切实加快农村贫困地区教育信息化建设。通过发展现代远程教育使贫困地区共享优质教育资源，为贫困地区扩大教育机会、提高教育质量和降低教育成本，从而实现贫困地区教育的跨越式发展，较快缩小教育差距。六是要继续加大对困难群体扶持力度。多措并举，确保适龄儿童少年不因家庭经济困难、就学困难、学习困难等原因而失学。七是要认真加强扶贫政策体系研究与扶贫宣传教育。

四、加强扶贫开发制度建设

加大扶贫开发力度，需要良好的制度环境。扶贫格局的确立，扶贫工作的创新，扶贫攻坚的开展，都离不开完善的扶贫制度。强化扶贫制度，需要从改善法律环境、完善扶贫政策、加强资金监督等方面入手。

一是要加快扶贫立法进程。我国扶贫资金在扶持制度上存在方式模糊、对象看人、数额随意的特点，财政补贴政策只是以一般行政性文件通知的形式出现，缺乏法律规范和约束稳定的有效的运行机制。近年来，中央和各地出台了一系列的扶贫开发政策，但目前最重要的文件就是国务院印发的《扶贫开发规划纲要》，没有建立起法治化的管理方法，随意性比较强，因人施政，人亡政息，各项政策缺乏连续性和一贯性，扶贫开发长期效果没有保证。发达国家的经验表明，加强扶贫开发立法，才能真正有效监督并提高效率。因此，应尽早推动扶贫政策的规范化和法制化。将现有成熟的扶贫开发政策、扶贫开发措施等逐步上升为法律，把扶贫职责、扶贫对象范围、区域重点、贫困标准调整机制、开发规划、资金投入使用、项目监管、社会动员、执法监督、法律责任等等，从制度上、法律上予以明确，以此更好地推进新阶段扶贫开发，提高扶贫效率。

二是完善扶贫项目评估机制。对于扶贫开发的重大政策和项目，应优先考虑项目建设对自然生态环境、资源有效利用和可持续开发程度等的影响，坚持推动资源节约型、环境友好型项目发展。在具体扶贫项目的立项和审批过程中，要充分考虑项目扶持方、项目申报方、当地政府部门和项目建设方等多方意见建议，建立起有效的评估机制，从而促使项目建设合理有效。

三是加强扶贫资金监管。通过建立和完善一整套扶贫资金使用、管理和监管法律法规和制度规定，进一步坚持公告、公示、公开，确保扶贫对象的知情权、参与权、表达权、监督权，接受社会各界的监督。在具体扶贫资金监管中，可充分发挥纪检监察部门、社会群众力量进行全方位的监督检查，以确保扶贫资金用到实处。

第四节　推进农业转移人口市民化

"农业转移人口"最早出现在 2009 年 12 月召开的中央经济工作会议上。在部署 2010 年经济工作的主要任务时，会议明确提出，"要把解决符合条件的农业转移人口逐步在城镇就业和落户作为推进城镇化的重要任务"。随后，"推进农业转移人口市民化"在中央和国务院有关文件和部分国家领导讲话中多次出现，并成为积极稳妥推进新型城镇化的核心任务。2014 年 7 月 30 日，国务院公布的《关于进一步推进户籍制度改革的意见》中，明确了建立城乡统一的户口登记制度，户口不再分"农业"和"非农业"，统一登记为居民户口。这一改革之举，标志着我国实行了半个多世纪的"农业"和"非农业"二元户籍管理模式将退出历史舞台，也意味着城市大门开始逐步向农村人口敞开。

一、推进农业转移人口市民化的意义

农业转移人口，一般而言，就是从农村转移到城镇工作生活的人口。改革开放 30 多年来，在工业化对劳动力巨大需求的拉动下，在农民的生存压力和城乡收入差距的驱动下，农民背井离乡到城镇工作生活。几十年过去，我们发现：尽管农民工已经成为我国工人的主力军，但身份还是农民，即便生活在城镇，却不能平等享受城镇居民应有的待遇。进城农民的职业转变并没有带来身份的转变，没有带来待遇的根本转变："进厂难进城"、"离土难离乡"。这种状况已经造成了比较严重的经济和社会后果：一是严重的不平等。农民工以自己的劳动为城镇的各类产业发展做出了巨大贡献，在支撑城镇建设发展和经济繁荣的同时，为城镇财政收入、企业财富积累甚至城镇社会保障经费来源都做出了巨大贡献，然而，他所做出奉献的这座城市（城镇）却并未把他们当作市民来对待，他们"被统计"为城镇人口，但城镇居民享受的公共服务和福利待遇几乎与他们无缘，甚至他们的小孩在城里上学还要交赞助费，这是很不公平的。二是在城镇内部形成新的二元结构矛盾，农民难于融入城市社会，引发一系列新的矛盾事件，本地和外地人口对立，即使是很小的个体事件也很容易使矛盾激化并扩大化。而在农村留守儿童、妇女和老人问题日益凸现，给经济社会发展带来诸多风险隐患，成为社会的巨大伤痛。三是节假日前后的回乡潮与返城潮，给交通运输和社会安全稳定造成巨大压力。四是给城乡社会管理带来巨大挑战，城镇犯罪事件高发多发。据统计，城镇大约有超过70%的犯罪事件都与外来人口有关。五是农民工的后代、子女长期难以融入城市，正在日益成为一个突出的社会矛盾隐患。心理归属与外在认同的严重错位，很容易使这些人颓废、失落，甚至仇视社会。六是随着问题的积累，城乡协调发展问题越来越突出，城市产业的转型升级、农村现代化和城乡社会发展、城乡文明建设等都面临诸多制约和难题。夹带着多重的二元矛盾，严重影响着我国现代化的进程。

因此，加快推进农业转移人口市民化的意义十分重大，是我国新型城镇化道路上的重中之重。

二、加快户籍制度改革

城镇化的本质是人的城镇化。到 2020 年，我国将有 1 亿左右的人口新落户到城镇。户籍关乎经济社会发展，人是生产力中最活跃的因素，劳动力的自由流动是市场化程度的重要标志。改革开放以来，随着经济社会的快速发展，城镇化进程加快，越来越多的人进入城市，但是城乡分离的户籍制度像一堵高墙，让很多农民虽然在城市里工作生活，却无法成为真正的城市人。2013 年，我国常住人口的城镇化率已经达到了53.73%。但户籍人口城镇化率只有 36%，说明有 17% 以上的人处于"半市民化"状态。这种状况不仅是他们的合法权益难以保障，而且也是严重的社会不公平，影响着社会和谐与城镇化的质量。因此，党的十八届三中全会提出要解决好已经转移到城镇就业的农业转移人口的落户问题。

加快户籍制度改革，总体而言，要实施差别化落户政策。我国幅员辽阔，城市数量多，从几万人的小城镇、十几万人的小城市，到几十万人的中等城市，再到几百万、上千万人的大城市、特大城市，城市规模差异很大。因此，不同城市的落户条件不可能完全相同，应结合各地实际情况，实施差别化落户政策：全面放开建制镇和小城市落户限制，有序放开中等城市落户限制，合理确定大城市落户条件，严格控制特大城市人口规模。

具体实施而言，一是要实行开放式管理，降低劳动力在城乡之间、不同城镇之间、以及不同农村地区之间流动的门槛和成本。二是推广一元化户籍制度管理模式，逐步取消附加在户籍之上的教育、卫生等公共服务差别，以及城市公用设施补贴等社会福利差别。三是根据有合法固定住所、稳定职业或生活来源为基本条件，制定和实施统一的户口迁移制度，以城乡经济发展和公共财政体制改革为前提，分阶段、分区域引导农村居民向城区、中心镇转移。四是以实际承载人口为基础，调整财政政策，建立"人钱"挂钩机制。

需要特别注意的是，户籍制度改革须因地适宜，地方政府在推进新型城镇化、城乡一体化的进程中，不得将农民"拉进城"，更不得将农民"逼上楼"，应当充分尊重广大农民群众的意愿，户籍制度改革要合理化、科学化、法制化地有序推进。

三、推进财政改革，落实基本公共服务均等化

城镇化和市民化的基础是各地经济发展水平、城市综合承载能力和提供基本公用服务的能力。其中基本公共服务均等化是有序推进人口市民化的关键，否则，经济发达、就业机会多、公共服务水平高的特大城市和部分大城市依然是人们向往的地方，从而造成中小城市、小城镇由于劳动力缺乏、人才短缺未来发展乏力，最终形成大城市人满为患的"城市病"、小城镇人缺为患的"空心化"，区域经济社会发展失衡。

一是建立事权与财权相匹配的公共财政体制。应当在宪法和分税制的基础上，根据国家基本公共服务范围和基本公共服务的标准，明确各级政府的公共服务职责范围和财政支出责任。特别是在义务教育、公共卫生、社会保障等涉及民众切身利益的公共服务领域，界定各级政府应该承担的支出责任，明确中央与地方各级政府承担的比例，据此确定各级政府的财权，并通过财政转移支付调整各级政府财力分配，平衡不同地区财政能力，推进各级政府财政能力合理配置，切实增强基层政府公共服务能力，进而从财力上保障公共服务均等化的实现。

二是优化财政支出结构。财政支出应进一步向基本公共服务领域倾斜。加快推进城镇基本公共服务常住人口全覆盖，建立财政转移支付同农业转移人口市民化挂钩机制，统筹城乡义

务教育均衡配置，完善城乡均等的公共就业创业服务体系，把进城落户农民完全纳入城镇住房和社会保障体系，将农村养老保险和医疗保险规范接入城镇社保体系。

三是完善财政转移支付制度。增加一般转移性支出的比重，提高地方政府的平衡能力。一般性转移支出有利于地方政府结合当地实际，制定本地的财政支出平衡政策和转移支出办法，有利于公共服务均等化目标的实现，更能体现公平原则。清理整合专项转移支付，减少地方配套资金要求，加大对困难地区的支持力度。

四、增强中小城市产业发展能力，有效吸纳转移人口

正如前面所言，经济发展水平是吸纳转移人口的基础和前提。从理论上讲，中小城市是未来我国城镇化发展的重点，中小城市产业发展能力是新型城镇化建设的关键。当前，我国中小城市发展面临前所未有的机遇，大城市的交通拥堵、空气污染、高房价，凸显出了中小城市发展的比较优势。推动城镇化要实现产业化与人口市民化的良性互动。对于中小城市而言，良好的产业发展是吸引农业转移人口的最大法宝，以产业带动的城镇化才有生命力。经济学理论与中国百强县发展的实践都证明了这一点。如果只有人口集聚和空间的扩展，没有成熟的产业支撑，也就没有市场的繁荣，城市的经济功能就无法充分

发挥，城市也就无法持续发展，人为造"城"容易，造"市"则难，"有城无市"只会形成"空城"。例如，巴西的城镇化率高达 90%，但是由于人口城镇化与产业发展严重脱节，使得很多农民涌入城市形成大片贫民窟。我国有些地方也出现了类似的现象，影响着社会稳定与和谐发展。

因此，要进一步促进中小城市的发展，从发展规划和政策引导上，形成各具特色的城市产业体系，强化城市间的专业分工与协作，增强中小城市产业承接能力，有效吸纳农业转移人口，形成人口城镇化、工业化、信息化与农业现代化协调发展的局面。当前很重要的一点就是大力发展第三产业。服务业是最大的就业容纳器，目前我国尚有很多服务业领域需要大力发展和拓展，例如养老服务业。许多国家都把发展养老服务业作为解决就业的重要途径。

第八章
建立公平正义、公开透明、公正合理的
收入分配秩序

　　无论是提高国民收入水平还是调节收入分配关系，或是保护公民财产权，都有赖于财产公开制度和透明有序的收入分配秩序。应当把确立财产公开制度和建立透明有序的分配秩序，作为收入分配制度改革的重大任务。

第一节　加快收入分配相关领域立法，建立公平正义的收入分配法律和制度体系

　　加强法制建设是解决收入分配问题的制度保障。深化收入分配制度改革，是一项十分艰巨复杂的系统工程，需要综合运用政治、经济、法律等综合手段干预调节，其中关键在于立足当前、着眼长远，加强法制建设，完善收入分配相关领域的立法。

一、提高收入分配法规政策的层次

逐步健全收入分配法规体系，逐步将现行收入分配规章政策上升到法律的层面。同时将初次分配领域中的资源配置制度、薪酬分配制度、农村分配制度以及收入分配调控制度法制化，均纳入收入分配法律体系，使之具有系统性。

目前，我国收入分配方面专门性的法律法规文件只有《劳动法》、《劳动合同法》、《社会保险法》等少数几部法律，更多的是一些党和政府的政策文件，以及国务院及其部委的一些行政规范，最为典型的就是 2013 年 2 月国务院批转发展改革委等部门《关于深化收入分配制度改革若干意见》。宪法和法律规定，全国人大及其常委会具有对重大事项的决定权，收入分配改革作为典型的重大事项，涉及到全体人民的切身利益，收入分配法应当作为一个部门法经全国人大或全国人大常委会审议获得通过，收入分配改革方案就正式具有了国家立法的性质，具有了无可置疑的权威性和无可动摇的法律效力。有关市场、最低工资、垄断、社会保障、劳动就业等相关方面的配套法律制度应该由全国人大或各级地方人大立法。

二、按照轻重缓急抓重点立法

首先，应加快健全完善工资分配法律法规，进一步规范工资分配行为，预防和打击拖欠和克扣工资行为。尽快制定并出台《工资支付法》，条件不成熟可以先以《工资支付条例》的形式出台。通过法律的形式完善工资指导线制度，建立与劳动力市场供求关系及企业经济效益挂钩的工资正常增长机制。根据经济社会发展需要，考虑社会物价变动等因素，建立起最低工资标准的正常调整机制。以非公有制企业为重点，积极稳妥推行工资集体协商和行业性、区域性工资集体协商。健全技术要素参与分配机制。加强知识产权保护，完善有利于科技成果转移转化的分配政策，探索建立科技成果入股额。完善高层次、岗位分红权激励等多种分配办法，保障技术成果在分配中的应得份高技能人才特殊津贴制度。允许和鼓励品牌、创意等参与收入分配。

其次，进一步健全收入分配调控法律法规。完善个人所得税法，健全打击非法收入的法律法规并增强处罚力度。建立健全财产登记制度，完善财产法律保护制度，保障公民的合法财产权益。

再次，加快相关领域的立法工作。在现行《户口登记条例》的基础上修订出台《户籍法》，实施全国统一的居住证制度，制定公开透明的户籍政策，允许在城镇工作生活一定年限，有稳定收入来源并按照国家规定参加社会保险的农村居民逐步转为城镇居民，重点关注解决举家从农村迁徙到城市，尤其是新生代农民工的落户问题，构建一种政府、企业、民众共同参与的成本风险收益分担机制。

第二节　维护劳动者合法权益，保障劳动者收入

　　2014 年 4 月 28 日，习近平总书记同全国劳动模范代表座谈时指出，"劳动是财富的源泉，也是幸福的源泉。人世间的美好梦想，只有通过诚实劳动才能实现；发展中的各种难题，只有通过诚实劳动才能破解；生命里的一切辉煌，只有通过诚实劳动才能铸就。必须牢固树立劳动最光荣、劳动最崇高、劳动最伟大、劳动最美丽的观念，崇尚劳动，造福劳动者，让全体人民进一步焕发劳动热情、释放创造潜能，通过劳动创造更加美好的生活。全社会都要贯彻尊重劳动、尊重知识、尊重人才、尊重创造的重大方针，维护和发展劳动者的利益，保障劳动者的权利。要坚持社会公平正义，努力让劳动者实现体面劳动、全面发展。"

　　维护劳动者合法权益是维护社会主义公平正义的重要组成部分。我国出台了扩大就业政策和最低工资保障制度、劳动监察制度等，大力维护劳动者权益。但是，在经济关系和劳动关系日益市场化、多样化和复杂化的今天，劳动者的权益保障仍存在一些问题亟须妥善解决。维护劳动者合法权益是当前和今后的一项重要任务，是促进社会公平正义，构建和谐社会的重要环节。

一、完善就业公平保障法律制度，维护公民平等的就业权利

平等就业是增加劳动者收入，维护劳动者合法权益的首要之选。我国现有的就业保障制度，为我国公民平等就业权的享有和行使提供了一定的法律依据和制度保证。但是，总的来说，不论是立法方面，还是实践方面，都存在着不少问题。需要借鉴其他国家和地区的成熟经验，并按照我国已经加入的有关国际公约的要求，不断地完善我国现有的立法与实践，建立完备的平等就业法律制度。

概括地讲，完善我国就业公平保障法律制度，首先要完善宪法平等权的内容，发挥宪法基本原则在平等就业权保障上的指导作用，并进一步完善现有法律，及时出台反就业歧视法，保障公民平等就业权；其次，要完善保障平等就业权的救济制度，建立对制度性就业歧视行为的司法审查制度，借助国外成熟的司法经验，建立专门的就业法院或法庭；第三要制定适合当前就业形势，充分体现就业公平的就业政策，建立完善的社会保障体系。

二、健全工资支付保障机制

经过全国人大常委会表决通过的刑法修正案，首次在法律上明确了"欠薪入罪"，这反映了广大职工的意愿和要求，同

时反映了我们国家对于普通劳动者的尊重和保护。这个法律的修改，对于维护劳动者合法权益，对于遏制一些企业肆意侵犯职工合法权益的行为，对于建立和完善工资支付保障机制，构建和谐稳定劳动关系，促进社会稳定，都会产生深远的影响。各级地方政府要建立工资支付保障金制度和欠薪应急周转金制度，将拖欠工资问题突出的领域和容易发生拖欠的行业纳入重点监控范围，完善与企业信用等级挂钩的差别化工资保证金缴纳办法，总结推广各地解决拖欠农民工工资的成功经验和做法，同时会同有关部门依法严肃查处各类拖欠职工和农民工工资的典型案件。

三、进一步减轻企业负担，为增加劳动者收入提供空间

应进一步让利减税，减轻企业特别是中小企业负担，让企业有更多的资金从事投资活动，扩大就业面，提高职工收入。另外进一步在充分调研的基础上，制定合理的企业社保费率标准。目前我国的社保费率超过40%，高于经济发达国家。在较高的社保费率中，企业缴费比例过高，使企业负担过重。据研究表明，目前我国五项社会保险法定缴费之和已相当工资水平的40%，有的地区甚至达到50%，超过世界很多国家。对此，应加大政府投入并适时适当降低社保费率，减轻企业负担，为职工工资的正常增长提供可持续保障。

第三节　规范各类收入

缩小居民收入差距，需要有效调节过高收入，在再分配中重点向低收入者和贫困群体倾斜。加强对垄断行业收入分配的控制和调节；清理规范隐性收入，使其显性化、规范化；强化监督、打击和查处力度，最终取缔非法收入。

一、规范垄断行业收入

目前，垄断行业收入过高的问题已成为收入分配改革中的众矢之的，主要是因为垄断行业与一般性竞争行业的收入差距绝大部分并不是来源于合理的劳动贡献大小，而是来源于垄断地位本身。中南财经政法大学中国收入分配研究中心的调查研究表明："在垄断行业与竞争行业的收入差距中，其不合理部分超过了50%"[1]。农林牧渔业职工平均工资最低，而电力、通信、金融保险业等垄断行业的收入最高。这样的分配结果有悖于生产资料公有制下的分配公平与正义。

当前，不少垄断行业员工平均收入水平远远高出各行业平均水平，这还不包括丰厚的福利，如低价住房、免费旅游等。

---

[1] "在垄断行业与竞争行业的收入差距中，其不合理的部分超过50%"，人民网 http://politics.people.com.cn/n/2013/0414/c70731-21127190.html。

垄断行业的高收入加剧了收入分配的不公。它给中国社会经济带来的负面影响是显而易见的：既转嫁社会成本增加公众负担，又导致国有资产的流失，阻碍技术创新和社会进步。因此，不管是单纯从经济方面考虑，还是从公共利益的角度考虑，都必须着力破除垄断福利，构筑健康有序的市场竞争秩序。

要消除垄断福利，就必须打破行业垄断，引入市场竞争。深化垄断行业改革，加快垄断行业改革步伐。进一步打破垄断，放宽准入。完善垄断行业工资总额和工资水平双重调控政策。只有在激烈的市场竞争环境下，垄断企业才会因面临被市场淘汰的威胁，被迫降低过高的管理成本，让员工福利回归与市场对接的平衡状态。从另一角度看，由于长期以来对一些垄断性行业缺乏有效的监管，直接导致了其借垄断地位维持高工资、高福利、高待遇。因此，加强对垄断企业的监管和审计非常必要。政府和有关部门要制定切实可行的治理措施，建立公开、透明、监管有力的监督制度，实行规范的听证制度，制定与完善相关法律，对垄断行业的各种税收、价格等方面加强调控，减少过多的政策性支持。

二、规范国有企业薪酬管理

2014 年 6 月 24 日，审计署发布了《国务院关于 2013 年度中央预算执行和其他财政收支的审计工作报告》。报告显示，对 11 家中央企业审计后发现，7 家企业存在违规超提或超发工资、住房公积金和福利费等问题，金额高达 11.61 亿元。2014 年 8 月 18 日，习近平在中央全面深化改革领导小组第四次会议上发表重要讲话时指出，"要从我国社会主义初级阶段基本国情出发，适应国有资产管理体制和国有企业改革进程，逐步规范国有企业收入分配秩序，实现薪酬水平适当、结构合理、管理规范、监督有效，对不合理的偏高、过高收入进行调整。"

国有企业在分配中包括三个层面：一是国家与国有企业之间，体现为国有企业上缴利润的比例；二是国有企业内部管理者、经营者与劳动者之间，体现为按贡献参与分配的比例；三是国有企业之间的分配，尤其是垄断性国有企业与一般企业之间，具体表现为垄断性行业与一般行业的差距。国有企业分配不公也体现在这三层利益分配之中。自十六届三中全会以来，实行了国有资本经营预算制度，即通过人大对国有企业来年的经营进行预算，从而确定来年国有企业上缴国资委的利润。但在目前的行政体制下，对国有资本经营的预算并没有真正达到公开、公正。目前的国有资本经营的预算制度并不健全，缺乏公共、公正的制度程序，其直接导致的后果就是部分国有企业利润内部化，这也是导致国企高管高薪和非公平性拉大国企和一般企业差距的根源。在国企内部，经营者管理者和劳动者之间，也存在着巨大的收入差距。这个收入差距既有基于劳动差别和贡献大小基础上的合理差距，也有基于要素分配下资本对劳动的侵蚀和基于监管体制不到位的高管非法收入带来的不合理的差距。

目前我国国有企业的薪酬制度改革正朝着市场化方向迈进，但仍存在着很多不完善、甚至不合理的现象，引发了部分社会民众失衡的"仇国企"心理。众所周知，市场体制健全的发达国家，高级经理人的薪酬制度相对完善，而我国国有企业在这方面还比较薄弱，还无法满足国有企业向更高层次发展的内在要求，也引起社会分配不公。因此，构建公正的国有企业经营者薪酬分配制度十分必要。

1. 对国有企业实行分类管理。按照国有企业的功能不同，可以将国有企业分为公益性国有企业、自然垄断国有企业和竞争性国有企业。这样的划分，有利于让社会公众认清不同国有企业的地位和作用，也有利于进行薪酬管理。

2. 完善法人治理，建立规范的现代企业制度。国有企业，特别是竞争性国企，经营者的薪酬分配与企业自身的法人治理机制密切相关，健全的法人治理结构可以完善经营者薪酬分配制度，给予经营者有效的激励，并兼顾企业公平与社会公平正义。在一个完善的国有企业法人治理结构中，国资委、经营者和普通员工可以形成相互制衡的关系，从而有效地维护三方的权力和利益。规范的董事会是现代企业制度的核心和灵魂，同时也是代表国资委直接行使具体企业出资人职能的有效制度安排，由董事会根据企业实际决定企业负责人薪酬，可以做到更专业、更贴近实际、更具针对性，从而增强薪酬激励的有效性。建立规范的董事会除了在董事会的组成、结构、运行规则等方面严格遵循规范要求之外，更重要的是积极探索处理好国资委职能部门与董事会履行职能的关系，国资委职能部门可以原则指导和监管为主，而具体的薪酬决定等职能应由董事会行使。所以，一是应加快转变国资委职能，同时加强董事会建设，使董事会下设的薪酬委员会根据所掌握的信息，承担起考核经营者绩效、设计薪酬分配模式等多方面的职责，真正在薪酬分配制度中发挥应有的作用。二是选聘一批素质高、独立性强的监事会成员，赋予他们足够大的权力以实现对经营者薪酬制定环节的内部监督作用。三是加强国有企业职代会和工会的建设，使普通职工能够参与到经营者薪酬分配的监督中，从而保障员工的合法权益。

3. 实行职业经理人制度。规范的现代企业制度，既要建立规范的董事会，也要逐步实行职业经理人制度，在此基础上才能实行与市场竞争相一致的薪酬制度。在现代企业制度下，董事会选人用人不仅仅是程序上机制上的变革，更重要的是要有一支职业经理人队伍作为制度有效运行的支撑。如果没有合格的职业经理人队伍，现代企业制度是建立不起来的。对完全竞争性的企业，在建立规范的法人治理结构的基础上，尽快过渡到市场化选聘企业负责人，并且建立企业负责人的市场退出机制，对考核不合格者不再聘用，使其收益与风险相一致。

三、规范其他领域的各类收入

一是规范工资外收入。推进行政和事业单位工资制度改革，规范各种津贴和奖金的发放；完善事业单位科研课题和研发项目经费管理办法，提高劳务费占比，激发科研人员的积极性和创造力；控制公务招待费，严格其审批和核算制度。

二是加强领导干部收入管理。完善领导干部财产公开制度体系。当前的领导干部财产公开立法缺位，缺乏必要的规划和引导，需要构建一个从申报主体、申报、审查、公开、监督等在内的管控体系，同时建立一系列的配套制度，如公民信用保障号码制度、公民信息制度、全国房产信息共享机制等等。

三是规范非税收入。非税收入带有很大的不确定性，如果非税收入占财政收入的比重过大，会影响财政收入的质量，并引发其他风险。因此，应进一步推进费改税，清理整顿各种行政事业性收费和政府性基金，取消不合理、不合法的收费和基金项目，加快健全政府非税收入收缴管理制度。

第四节 健全现代支付和收入监测体系

公开透明是最好的监督和制约。要把治理收入分配不公的权力交给人民，所有收入分配行为都应置于人民监督之下。未来公职人员的工资收入和财产要实现公开化；产生灰色收入的重点领域要实行阳光工资；在完善工资标准的基础上，清理、规范各类津贴、补贴，提高收入透明度；建立法制化的财产申报制度，健全以权力监督、行政监督为主，司法监督和社会舆论监督为辅的多层次监督体系。

　　无论是财产公开，还是财产申报，都需要有现代支付和收入监测体系提供技术保障，进而才能保护合法收入、规范隐性收入，取缔非法收入。

　　具体而言，需要从以下几个方面开展工作：一是大力推进薪酬支付工资化、货币化、电子化，加快现代支付结算体系建设，落实金融账户实名制，推广持卡消费，规范现金管理。二是完善机关和国有企事业单位发票管理和财务报销制度，全面推行公务卡支付结算制度。三是整合公安、民政、社保、住房、银行、税务、工商等相关部门信息资源，建立健全社会信用体系和收入信息监测系统，完善个人所得税信息管理系统。国家层面的社会信用体系建设规划已上报国务院，近期将发布。根据规划，以政务、商务、社会、司法等四大领域为主体的信用体系建设方案实现了社会信用的全面覆盖；2017 年，将建成集合金融、工商登记、税收缴纳、社保缴费、交通违章等在内的信用信息的统一平台，实现资源共享。四是建立城乡住户收支调查一体化制度。受城乡二元结构影响，长期以来，我国城乡住户调查一直分别进行，分别执行各自的调查制度方法，分别公布各自的收入数据——城镇居民人均可支配收入和消费性支出，农村居民人均纯收入和生活消费支出。城乡数据之间缺乏可比性，也无法计算全国居民家庭收入数据。统筹城乡发展，推进收入分配制度改革，都迫切需要实行城乡住户一体化调查，统一设计指标，统一选取样本，统一调查数据。为此，国家统计局制定了三年工作规划，目前相关工作已经启动。包括建立全面覆盖的住户调查网络，设计城乡一体化的住户调查指标体系，建立高效便捷的数据采集系统等，2013年已经正式实施城乡住户一体化调查，未来需要进一步完善，不断修正并提高效率。

参考文献

1. 阿瑟·奥肯:《平等与效率》,华夏出版社,1987 年版。

2. 迟福林:《破题收入分配改革》,中国经济出版社,2011 年版。

3. 高志仁:《新中国个人收入分配制度变迁研究》,湖南师范大学出版社,2009 年版。

4. 国家发展改革委,财政部,人力资源和社会保障部:《关于深化收入分配制度改革的若干意见》,人民出版社,2013 年版。

5. 沈坤荣等:《收入分配与经济增长——以江苏省为例的研究》,南京大学出版社,2010 年版。

6. 十八大报告文件起草组:《十八大报告辅导读本》,人民出版社,2012 年版。

7. 十八届三中全会:《中共中央关于深化改革若干重大问题的决定》,人民出版社,2013 年版。

8. 王小鲁:《国民收入分配战略》,海南出版社,2013 年版。

9. 中共中央文献研究室:《十一届三中全会以来重要文献选读》,人民出版社,1987 版。

10. 中共中央党校经济学部　曹立等:《打造中国经济升级版》,新华出版社,2013 年版。

11. 中共中央文献研究室：《改革开放 30 年重要文献选编》，中央文献出版社，2008 年版。

12. 中共中央宣传部：《习近平总书记系列重要讲话读本》，学习出版社，人民出版社，2014 年版。

13. 中国（海南）改革发展研究院：《收入分配改革的破题之路》，中国经济出版社，2012 年版。

14. 鲍金红，胡璇：我国现阶段的市场失灵及其政府干预的关系研究，《学术界》，2013 第 7 期。

15. 常兴华：居民收入与消费需求的关系及其对策，《中国经贸导刊》，2007 年第 10 期。

16. 陈晓，藏英杰：居民消费对经济增长贡献的定性分析及扩大居民消费需求的对策，《经济师》，2014 年第 1 期。

17. 丁长发："双失灵"下我国收入分配问题研究，《经济学家》，2010 年第 12 期。

18. 杜飞进：论政府与市场，《哈尔滨工业大学学报》（社会科学版），2014 年第 16 卷第 2 期。

19. 冯招容：浅谈我国收入分配差距的正负效益及对策，《延安大学学报》，2001 第 4 期。

20. 国家发改委社会发展研究所课题组：我国国民收入分配格局研究，《经济研究参考》，2012 年第 21 期。

21. 胡书东：关于收入分配制度改革的若干思考，《理论视野》，2013 年第 5 期。

22. 黄万华，刘渝：市场机制在环境保护中的运行机理、条件、发展趋势及评价，《资源开发与市场》，2014 年第 1 期。

23. 李金迎：我国城镇居民收入与消费：理论、现状与对策，《阅江学刊》，2009 年第 3 期。

24. 李楠：收入分配制度的演进及其对收入差距变动的影响，《江汉论坛》，2005 年第 2 期。

25. 李实，赖德生，罗楚亮等：《中国收入分配研究报告》，社会科学文献出版社，2013 年版。

26. 鲁国强：论述政府干预和政府失灵，《金融教学与研究》，2011 第 6 期。

27. 魏冬伍：中国居民收入差距及其对消费需求的影响，《南华大学学报》，2004 年第 4 期。

28. 徐斌：我国收入分配政策的演进历程和制度创新发展，《西安政治学院学报》，2013 年第 6 期。

29. 易定红，张维闵，葛二标：中国收入分配秩序：问题、原因与对策，《中国人民大学学报》，2014 年第 3 期。

30. 赵振华：收入分配的突出问题和改革重点，《学习时报》，2012 年 10 月 8 日。

31. 周宇，郑小娟：是规则缺乏而非规则"失灵"——评当前国内收入分配中的"市场失灵"说和"政府失灵"说，《经济体制改革》，2008 年第 6 期。

后　记

在中央党校从事教学工作多年，每批学员在开学伊始的"两带来"（学员带来干部群众关心的热点问题和希望到党校解决的思想理论问题，简称"两带来"）交流时，收入分配问题都是焦点。长期备受关注，长期未得到根本解决，彰显出这一问题的复杂性、艰巨性以及进一步研究的必要性。

感谢中央党校经济学部主任赵振华教授。赵老师是收入分配研究领域的资深专家，著述颇丰。他在百忙之中审阅了本书的写作提纲，提出了十分有价值的修改意见，并作序勉励。感谢他多年的无私帮助和鼓励。

感谢本书的责任编辑谷亚光老师，他多年来一直关注收入分配问题，是他的民生情怀成就了这本书，他对工作的严谨深深感染了我，感谢他的无私指点和帮助。

本书能够顺利完成，也得益于我指导的硕士研究生祝友健的帮助。他承担了部分章节初稿的撰写和相关数据搜集整理工作。本书撰写过程中，借鉴和参阅了中央党校众多学员闪光的思想火花和成熟的研究成果，在这里也向他们表示感谢！

由于时间和水平所限，书中一定存在很多不足之处，恳请各位读者不吝赐教。

陈宇学

2014 年 9 月 20 日